S... t di Co[m] shuld be
ta... Liabo ... plase
d... and bold apart afor
it k[no]w[n] Wi your good Liking thro
Nichi as I hope is far fro your
intent So wyth his Co[mpany] of veri
to muchi Good Master English
ssiVirations at Ro[me] Of Wich
you hau[e] or now b[een] warned you
thus you se how to fulfil your
trust ripobid ... Wichi to
... fr... mir ...
hau[e] ... madi patienti
... Securitie and Goss not fraught
w[ith] muchi Wisidom yit stuffd
w[ith] griat good wyl I hope you
wyl beari w[ith] ... Listing
you to Long w[ith] ... krat...
hand as procidi... fro a hart
that shal iver bi fillid w[ith] the

suri affiction of your
Loving and ~~...~~ frendly
sistar

Elizabeth

監修者――木村靖二／岸本美緒／小松久男／佐藤次高

［カバー表写真］
アルマダのエリザベス
（1588年頃，ゴワー画，ヴォバン寺院蔵，イギリス）

［カバー裏写真］
エリザベス１世の行列
（1601年頃，シェールボン城蔵，イギリス）

［扉写真］
エリザベス１世からスコットランドのジェームズ６世に宛てた手紙
（1603年１月５日）

世界史リブレット人51

エリザベス女王

女王を支えた側近たち

Aoki Michihiko
青木 道彦

目次

テューダー朝の成立と新旧両教の対立

十四世紀半ば、黒海方面とイタリアを結ぶ海上交通ルートを通ってやってきた黒死病▲は、ほぼヨーロッパ全域に広がり、ヨーロッパの人口の三分の一が死亡したともいわれている。人口は十六世紀まで、黒死病流行以前の水準には回復しなかった。近世初頭の社会や政治の動向に、これが大きく影響したといってよいであろう。不足してきた農業労働力に対しての領主側の締めつけは農民の反発をまねき、社会は大きく動揺することになった。

この時期、ドナウ川流域にはイスラーム勢力であるオスマン帝国が進出しており、その北にはビザンツ帝国を継承すると称していたモスクワ大公国が位置し、その西南にはリトアニア・ポーランドが、北の北欧にはデンマーク中心の

▼**黒死病**（ペスト）　十四〜十五世紀におけるヨーロッパでの「ペスト大流行」は二世紀ほどにわたって、ヨーロッパの人口の大きな減少をまねき、領主は直営地を維持できなくなったといわれている。

カルマル同盟があった。これらの諸国の西欧への圧力への防壁となっていたのが神聖ローマ帝国であったが、十六世紀前半に、ここでルターらによる宗教改革が起こり始めており、皇帝や各国国王を中心とした西欧諸国の中央集権の動きに微妙な影響を与えていた。イベリア半島のスペインとポルトガル両国はレコンキスタ（国土回復運動）をほぼ終えてアメリカ大陸やインド洋方面への進出に踏み出しており、イングランドやフランスなどもその機会をねらっていた。

また王朝間の婚姻をはじめ、この頃起こってきたプロテスタント（新教）とカトリック（旧教）の選択がからんで、複雑な同盟や対立が生じる可能性が大きくなってきた。イングランドはスペインとの友好を重視しており、ヘンリ七世は長男アーサーとスペイン国王フェルナンド二世の娘キャサリンとの結婚を一五〇一年に実現させた。翌年アーサーが死去すると、ヘンリ七世は次男ヘンリ（ヘンリ八世）とキャサリンとの結婚という道を選んだ。一五〇九年にヘンリ七世が死去し、新国王に即位したヘンリ八世は、その直後に兄嫁と結婚した。ヘンリ七世はバラ戦争を終結させてイングランドを統一したが、彼もヘンリ八世も、大陸政策には大きな成果をあげ得なかった。

▼マルティン・ルター（一四八三〜一五四六）　贖宥状の効力を批判したルターは教皇権を否定する立場をとり、ヴォルムス帝国議会でも皇帝側の圧力を斥けて自らの立場を主張した。

▼ヘンリ七世（在位一四八五〜一五〇九）　バラ戦争においてリチャード三世を破り即位。テューダー朝の開祖。

▼ヘンリ八世（在位一五〇九〜四七）キャサリンとの離婚問題で教皇と対立し、イギリス国教会をつくった。

ヘンリ八世の治世初期に重く用いられたのが、ヨーク大司教、枢機卿、大法官・教皇特使へと地位を上昇させてきたウルジー▲である。ウルジーが私邸として建てたハンプトン・コートは王宮をもしのぐ豪華なもので、彼の権力と豪華な生活は、中世後期から根強かった聖職者への反感をさらに増幅させていった。

ドイツの大学教授で修道士でもあったルターが本格的なローマ教会批判に踏みきった頃、ヘンリ八世はルターの著作に反駁《はんばく》する「自著」と称する書物を教皇に献呈して、「信仰の擁護者」という称号を与えられている。

当時のヘンリ八世は王妃キャサリンとの結婚から娘メアリ（のちのメアリ一世）しか得ておらず、安定した後継者として男児誕生を切望していた。しかしすでに王妃は四〇歳代となり、男児に恵まれる期待は薄かった。そこでヘンリ八世は（兄嫁との結婚に心のとがめを感じているという口実で）、ローマ教皇からキャサリンとの離婚の許可をえて、若い新王妃と結婚しようと考え始めていた。彼は、キャサリンの侍女の一人、アン・ブーリンに強く引かれており、教皇庁にも勢力をもつ大法官ウルジーを交渉にあたらせれば許可はえられると、なかば楽観視していた。しかし、事は思惑どおりには進まなかった。一五二〇年代

▼**トマス・ウルジー**（一四七五～一五三〇）　ヘンリ八世に認められ高位の聖職を歴任する。大法官に就任。ヘンリ八世の離婚問題解決に失敗し、その罪を裁かれる前に病死。中世には聖職者で政治の実権を握る者が多かったが、その最後の人物。彼以後には聖職者の任命は少なくなった。

アン・ブーリン

後半、神聖ローマ帝国のカール五世▲は、フランスとイタリアの支配権を争った「イタリア戦争」を有利に進めて、教皇をも支配下においたため、ローマ教皇クレメンス七世はカール五世の叔母にあたるキャサリンの離婚を許すことはとてもできなかったのである。

　結局、ウルジーは交渉に失敗し、ついに国王がローマに召喚されるかもしれない事態にまで追い込まれた。ウルジーは彼のハンプトン・コートを国王に献上し、最大限の恭順の意を示したが許されず、職を失い、ロンドンに護送される途中で死去した。ヘンリ八世は問題解決のために議会を利用しようと考え、一五二九年末に議会を招集。失脚したウルジーにかわって登場したトマス・クロムウェル▲がリーダーとなり、次々に反ローマ立法を用意した。一五三六年まで続いたこの「宗教改革議会」が旧教教会からの分離を推し進めたのであった。

　その後、大法官の地位をウルジーから継いだトマス・モア▲も、「宗教改革議会」を主導したクロムウェルも、ヘンリ八世の不興を買うことになり、やがて処刑されてしまう。のちのエリザベスに比べてヘンリ八世は側近に対して、かなり酷薄な態度をとっていたのである。

▼カール五世（スペイン王カルロス一世在位一五一六〜五六、神聖ローマ皇帝在位一五一九〜五六）　カトリックによるヨーロッパ支配をねらっていた。

▼トマス・クロムウェル（一四八五頃〜一五四〇）　イングランド国教会を確立したが、のちに失脚。

▼トマス・モア（一四七八〜一五三五）　オクスフォード大学で学び、ヘンリ八世に重用される。俗人として初めて大法官に就任するが、のちに辞任。反逆罪で斬首される。著書に『ユートピア』。

●──テューダー王朝とその周辺の系図

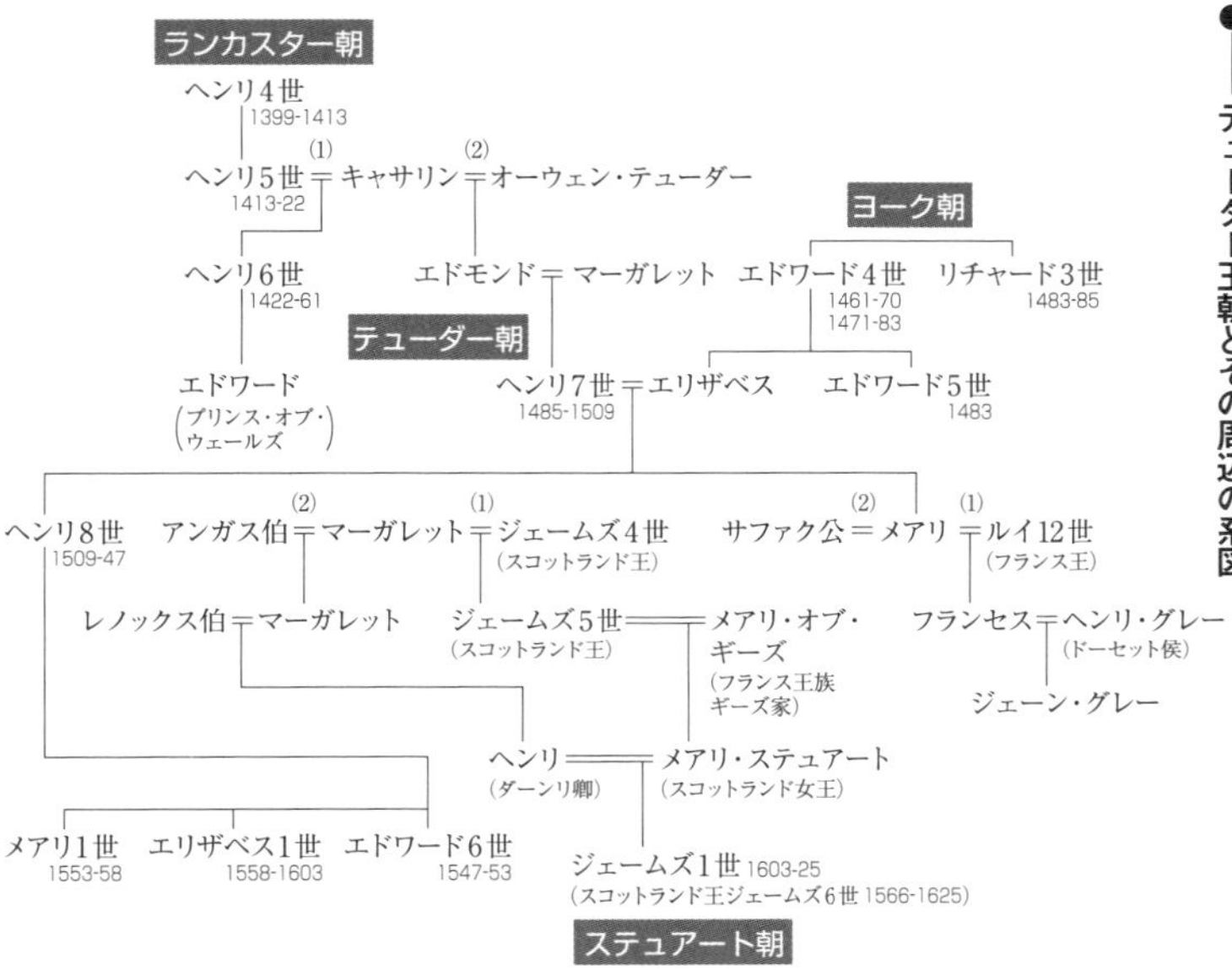

●──エリザベスが即位まで暮らしたハットフィールド・オールドパレス(右)と屋内の様子(グレート・ホール、左)

ヘンリ八世は、新しい結婚を認めようとしないローマ教会から離脱することを考え始めていた。ローマ教皇からキャサリンとの結婚の無効を宣言してもらうという計画は、クロムウェルの努力にもかかわらず成功しなかった。

期待したアン・ブーリンの産んだ子も女児であったが、彼女こそのちのエリザベス女王（一五三三〜一六〇三、在位一五五八〜一六〇三、一九五二年にエリザベス二世が即位したので、それ以降エリザベス一世という用語が用いられるようになった）である。翌一五三四年、ヘンリ八世は「国王至上法▲」に基づき、「ローマとは断絶した旧教教会」を樹立した。

跡継ぎ出産の期待のなか、一五三六年、折角の男児を流産したアン・ブーリンは国王の寵愛を完全に失ったうえ、新しい結婚を望む国王により不義の疑いまでかけられて処刑されてしまう。ヘンリ八世はその後、三番目の王妃となるジェーン・シーモアと結婚して、ようやく待望の男児エドワード（のちのエドワード六世）をえたのであった。彼の三人の子どもたちの王位継承順は、一位エドワード（新教徒）、二位メアリ（旧教徒）、三位エリザベス（新教徒）と定められた。

▼**国王至上法**（Act of Supremacy）イングランド国王をイギリス国教会の最高首長と規定した法。首長法ともいう。

▼メアリ・テューダー（在位一五五三〜五八）　イングランドの旧教復帰政策を進める。

メアリ・テューダーとフェリペ

この頃、旧教と新教の対立がしだいに激しくなってきたが、若年のエドワード六世が一五五三年に夭折すると、すでに定められていた王位継承順に従ってメアリが国王に即位し、メアリ一世（メアリ・テューダー）▲となる。彼女はカール五世の王子フェリペ（のちのフェリペ二世）と結婚していて、強く旧教の立場に立って、イングランドの新教を抑圧した。そのため新教の国教会を指導してきた大主教や主教などに、処刑された者も少なくなく、そのため彼女は「ブラッディ・メアリ」とも呼ばれた。この旧教支配を逃れて大陸の新教地域などに逃れたメアリ時代の亡命者もかなり多く、その大部分は聖職者であったが少数の俗人も含まれていた。エリザベス時代に国王の側近として活躍したフランシス・ウォルシンガム（一六頁参照）も、そうした俗人の一人である。

メアリ一世は、夫であるスペイン国王フェリペ二世との間に子をもうけてイングランドの王位につけたいと考えており、他方イングランドの新教徒は新教派のエリザベスの王位継承に期待をかけていた。それだけに旧教徒のメアリ女王からみれば、エリザベスは最も邪魔な存在であり、機会があれば王位継承から排除してしまいたい人物であった。こうした状況下にあって、エリザベスは極めて慎重な生活を送らなければならなかった。この時期に彼女がめだたぬように、ひっそり暮していたハットフィールド・オールドパレスは現存している。

　メアリ一世は後継者をもうけることができず、旧教の信仰を守るという条件つきながらエリザベスを王位継承者として認めるというように態度を和らげていった。この頃になるとエリザベスの王位継承は確実と思われ、外国使節や国内の貴族などもさかんにハットフィールドを訪れるようになっていた。一五五八年十一月半ばにメアリ一世は死去。イングランド国民（特に新教徒）から大きな期待をかけられていたエリザベスは、姉メアリの王位継承排除の画策を乗り切り、二五歳の若さで王位を継承したのであった。

　エリザベスの新国王就任が決まった時、彼女は「これは神のなされた業である」と語ったという。このなりゆきが一種の奇蹟のようなものであったことを、彼女自らが語ったものとみてよいであろう。

①―エリザベスの即位と新教復帰

エリザベス女王の即位と初期の補佐役

国民、なかでも新教徒から大きな期待をかけられていたエリザベス王女は、一五五八年末、ハットフィールドからゆっくりと五日間かけてロンドンにはいった。沿道には多くの市民が集まり、即位前から国民の気持ちをつかんでしまったようであった。

エリザベスはこれまで、かなりの苦境のなかで育ってきたが、それでも一流の人文主義的な学者によって極めて高度な教育を授けられ、高い教養を身につけていた。語学においてもフランス語・イタリア語を自由に使いこなす、二五歳の若き才媛であった。しかし国王には、単なる教養ではいかんともしがたい政治・外交などについての指導力が求められるのであって、この能力こそイングランドが複雑なヨーロッパの外交関係を乗り切っていくためにぜひとも必要なものだった。さらにイングランドには長い歴史をもつ上・下両院の議会があり、これをいかにうまく操縦していくか、その能力も国王には求められていた。

エリザベス即位の肖像画

▼**ウィリアム・セシル**（一五二〇〜九八）　エリザベスの即位にともない国務卿となり、一五七二年からは大蔵卿についた。

ニコラス・ベーコン

こうした点で、新女王エリザベスにもっとも多くを指南した人物はウィリアム・セシル▲であったようである。彼はエリザベスがまだハットフィールドにいた時に、新しい枢密議官に任命した人物である。彼はエドワード六世の時にもその職についており、国務卿でもあったが、メアリ女王のもとではそれらの職から罷免されていた。彼はエリザベスの即位によってこの職に復帰していた。

今一人エドワード六世時代の高官でふたたび職についた人物に、ニコラス・ベーコン（フランシス・ベーコンの父）もあげられる。彼はエリザベスの下で大法官の地位についた。こうした人物たちが、エリザベスの政治指南役として活動していた。

エリザベスには多くの使用人が仕えており、なに不自由のない生活を送ってはいたが、家庭的な雰囲気のなかでくつろぐ機会がなかった。国務卿セシルは、もともとハットフィールドのすぐ北側に、居館セオバルスがあったので、議会や外国との交渉が続いて、エリザベスが憔悴しているような時には何日か自邸に滞在させて、彼女の疲労をいやしていたのであった。

イングランドの新教への復帰

エリザベスの即位によって、それまでのメアリ女王による旧教強制に終止符が打たれたと考えた新教徒はおおいに喜び、海外に亡命していた「メアリ時代の亡命者」の多くもあいついで帰国した。しかしエリザベスの新教改革は、ヘンリ八世時代の国教会にほぼもどすという、極めて控え目なものにとどまった。「国王至上法」を復活させたものの、これまでの国王の立場を「最高統治者」に変更しただけで、礼拝様式については変更を当分見送る予定であった。しかし議会の強い要望などもあり、一五五九年「礼拝統一法▲」の審議・制定を女王が許したようである。

実際の教会運営で、のちに大きな問題となったのは「一五五二年祈禱書」にはなかった聖職服着用の規定を加えたことであった。エリザベスはこうした国教会体制をつくりあげれば、旧来の旧教教会の司教や多くの聖職者の協力がえられ、かなり多くの司教が新しい国教会に残って協力してくれると考えていたのだが、実際に残ったのはたった一人であった。そのため国教会の主教や枢要な地位には起用しないとエリザベスが考えていた「メアリ時代の亡命者▲」から、

▼**礼拝統一法**（Act of Uniformity）　イングランド国教会の礼拝や祈禱方式を定め、国教会への信従を強制した法。

▼**メアリ時代の亡命者**　大多数は聖職者、例外的に俗人のサー・フランシス・ウォルシンガムが含まれる。

▼**トーマス・カートライト**（一五三五頃〜一六〇三）　ピューリタン聖職者。国教会を批判し、長老派を支持した。

ヘイスティングス（ハンティンドン伯）

相当の人数を主教などの要職に起用せざるをえなくなってしまう。

エリザベスの新教改革に強い期待を抱いていた者たち（のちにピューリタンなどと呼ばれる急進派）の多くは、彼女の即位直後における宗教政策にすこぶる失望した。女王は聖堂や教区教会では、当局が定めた礼拝様式にのっとってやや保守的な礼拝を守るように命じていたが、貴族やジェントリなどの私教会では、あまり厳しい統制を加えてはいなかった。そこではピューリタン聖職者にも、相当自由な礼拝様式を許すことになったのである。政界の重鎮セシル家でも、著名なピューリタンで、カートライト▲とも親交のあったウォルター・トラヴァースが家庭のチャプレンとしてつねに出入りしていたことはよく知られている。有力な貴族やジェントリがピューリタン的な聖職者に支援を与えたことは、さまざまな実例があるが、そのなかでレスターシャーのヘイスティングス（ハンティンドン伯）のピューリタン支援はかなり組織的・本格的なものであったといってよいであろう。このように有力な支援者に支えられたピューリタンは、少なくともエリザベス時代前半には各地に点在していたのであった。

エリザベスが即位した直後の一五五〇年代末から六〇年代初めのヨーロッパ

では、フランスと神聖ローマ帝国が十数年にわたってイタリアの支配権を争った、いわゆる「イタリア戦争」が終結した頃であった。この旧教の両大国が和解したとなると、旧教信仰のために両国が提携して新教抑圧に乗り出してくることも考えられる。エリザベスはイングランドを新教に復帰させるにしても、そのやり方については極めて慎重にならざるをえなかった。

エリザベス治世下の英国国教会の変容

十六世紀半ばにはトリエント公会議が開かれ、旧教・新教の間でなんとか和解を見出そうとする協議がなされていたが、ドイツの新旧両派のみは、アウグスブルクの宗教和議を結んで互いの立場を認め合い、一応の決着がつけられた。新教徒も教義をかため、また他方旧教側も自らを正統(＝カトリック)と称して伝統的な立場を保持した。両者の間にあって、英国国教会はいずれとも異なる第三の道を選択した。つまり、英国国教会に対する内外の批判、なかでも旧教徒からの批判に対し、「パウロなど使徒たちによる初代の教会の純粋さは、英国国教会が正しく継承している(使徒継承)」という独自の擁護論を展開したのである。一五六三年の聖職者会議以降、こうした英国国教会の立場をかためていったのが、カンタベリ大主教マシュー・パーカーとジョン・ジューエルなどであった。

同会議でパーカーらは、エドワード六世時代の新教改革の総決算ともいうべき「四十二カ条」を改訂した「三十九カ条」を提案する。これが反対もなく決まったわけではなく、ようやく僅差で議決したものであって、国教会の運営については、なお多くの考え方が渦巻いていたのであった。

寵臣ロバート・ダッドリ

一五六二年、天然痘にかかったエリザベスは一時重篤になり、セシルら枢密議官の側近はハンプトン・コートにかけつけて、後継者の問題を協議したほどであった。幸いエリザベスは回復したが、王位継承についての不安が表面化した出来事となった。エリザベスはまだ三十歳前後で結婚によって後継者をえることもできる年令であり、求婚者はブリテン島の内外ともに多くいたのである。島外からは、スペインのフェリペ二世、皇帝フェルディナンドの次男・三男、

▼**ロバート・ダッドリ**(レスター伯、一五三二〜八八) エリザベス即位直後、王室馬寮長に任命され、翌年には枢密議官ともなった女王の側近。女王と結婚するのではともいわれたが実現はしなかった。

ロバート・ダッドリと踊るエリザベス女王

スウェーデンの皇太子エリックら。そして島内でも、スコットランドのアラン伯の長男が名乗りをあげており、この場合には両王国の合同への期待も含まれていた。

こうした結婚にエリザベスがまったく気が向かなかったのは、女王の寵臣ロバート・ダッドリ▲の存在があったとされている。エリザベスとダッドリはほぼ同年代で、また同時期にともにロンドン塔にいれられており、ここで二人は親しくなったともいわれている。

メアリ一世時代から彼は軍人として大陸にも赴いていた。エリザベス即位後にはさらに出世して王室馬寮長、枢密議官に任ぜられ、一五六四年には伯爵位も与えられてレスター伯に叙せられた。しかし彼の妻エミリー・ロブサートが謎の死を遂げると、宮中には謀殺を疑う者もでて、女王も疑いを避けるためか、やや距離をおくようになったとされている。

セシル派とレスター派

しかしその後も、女王はレスター伯を宮廷内でも「ロビン」の愛称で呼んで

ケニルワース城（廃墟）

フランシス・ウォルシンガム（一五三二頃〜九〇）

寵愛し、外国の使臣の中には彼を「女王の秘密の夫」と思っていた者もいた。彼は宮廷内では武人の筆頭とみられて側近中の一派をなしていたが、肝心の大陸での戦闘や占領地の統治には、十分な成果をあげておらず、多くの能吏を配下にもつセシル派には一歩遅れをとっていた。さらには初代エセックス伯の未亡人レティス・ノリスと結婚して女王の不興を買いながら、一五七五年には女王を居城ケニルワースに招いて、人々の噂になるほどの一大歓迎祭典を催した。彼の能力に対する女王の不信はぬぐいきれなかったが、それでもスペインのアルマダ来襲（二七頁参照）のおりには、テムズ河口付近防衛の司令官には任ぜられた。

二つの派閥以外にも、国王の側近として活躍した側近が二人いる。一人はフランシス・ウォルシンガムである。彼はケンブリッジを卒業後、フランス・イタリアで学んで帰国したが、メアリ一世の旧教強制のもとで、聖職者ではない俗人としては珍しく「メアリ時代の亡命者」となってふたたび大陸に渡り、諸国の政治事情に通じることになった。エリザベス即位後に帰国して下院議員となり、バーリー卿にその大陸経験を買われて、今度は大使としてフランスに赴いた。一五七二年、「サン・バルテルミの虐殺」(一九頁参照)や彼が支援していた新教徒指導者コリニー殺害をみて帰国し、その後枢密議官、国務卿に任じられた。元スコットランド女王メアリ・ステュアートの周辺で起こるエリザベス女王殺害計画に対し、彼は秘密警察のごとき組織をもって探索。ついにメアリを処刑にまで追いつめたが、アルマダ戦争直後に彼は急逝した。セシルの世話で要職についたので、ややセシル寄りの女王側近だったといえるであろう。

今一人はサー・クリストファー・ハットン▲である。女王に能力を見出され、一五七一年下院議員となり、女王の意向にそった発言を議会で繰り返した。一五七七年にはこうした女王のための議会操縦の能力を買われて、枢密議官、宮内次官となる。また、メアリ・ステュアートを中心する反エリザベス派の旧教徒による陰謀抑圧にもおおいに力を発揮した。一五八七年大法官となり、エリザベス時代唯一の聖職者出身の枢密議官となったウィットギフト▲を支援して彼の反ピューリタン政策を支持した。強硬な反スペイン政策を支持し、レスター伯と親密な演劇人や作家を支援していたので、どちらかといえばレスター伯に近い立場をとっていたといってもよいであろう。

▼サー・クリストファー・ハットン(一五四〇〜九〇)　女王の代弁者として活躍。

▼ウィットギフト(一五三八〜一六〇四)　カンタベリ大主教。ピューリタンを抑圧した。

▼ギーズ公（一五五〇〜八八）　フランスのカトリック勢力の中心人物。一五七二年、新教徒派貴族を襲い虐殺（サン・バルテルミの虐殺）。

サン・バルテルミの虐殺

ヨーロッパ諸国の宗教と政治の関係

レコンキスタを完成してイベリア半島南端まで支配を広げたスペインは、多くのイスラーム教徒を北アフリカに追って、国内に残ったイスラーム教徒やユダヤ人にも厳しい圧力を加えていた。カール五世以来の旧教支配はフェリペ二世にも継承されており、イベリア半島に新教の勢力ははいりえなかった。むしろ両国は中南米やアジアに旧教を広めていく拠点となっていた。

スペインの領土であったネーデルラントでは、新教の勢力が拡大しており、スペインは北フランスからネーデルラント南部に軍隊を送り込んで新教を抑えようとしていた。そのため新教地域のネーデルラント中部・北部では、スペイン軍と、新教を支援するイングランド軍が攻防を繰り返していた。

その後、同国の経済の中心地であり、イングランド毛織物輸出の窓口だったアントウェルペン（アントワープ）が、一五八五年にスペインの手に落ちると、多くの商工業者がアムステルダムに脱出し、しだいに商工業の中心の地位を新教徒の街、アムステルダムに奪われたのであった。

状況が複雑なのはフランスも同様であった。ギーズ公▲を中心とする旧教勢力

▼**メアリ・ステュアート**(スコットランド女王在位一五四二〜六七)　夫フランソワ二世の死後、スコットランドに帰国し、カトリック陣営の中心とみなされる。エリザベスに敵視され、エリザベス殺害陰謀加担を理由に処刑される。

は、新教に傾く国王が即位すれば圧力を加え、新教勢力に対しては容赦なく攻撃を加えた。一五六二〜九八年の時期はユグノー戦争の時代といわれ、この間に一五七二年には新教をねらった「サン・バルテルミの虐殺」が起こった。この虐殺の惨劇を目撃したのが、先にも述べたように、当時、外交代表としてフランスに滞在していたエリザベスの側近フランシス・ウォルシンガム一行である。彼の反旧教の気持ちはこの一件で一段と強まったようであった。

メアリ・ステュアートの策動

スコットランド国王ジェームズ五世とフランスの旧教の中心であったギーズ家出身の母との間に一五四二年に生まれたメアリ・ステュアート▲は、父の急死によって幼児ながらスコットランド女王となった。一五四八年幼くしてフランス王太子の妃候補としてフランス宮廷にはいり、五八年に結婚したが、夫フランソワ二世が六〇年に急死したため、スコットランドに帰国した。一五六五年ダーンリ卿と再婚し、一児(のちのジェームズ六世)をもうけたが不和であった。このダーンリ卿が爆殺されると、事件の犯人と疑われていたボズウェル伯とメアリは結婚する。しかしこの一件で貴族や国民の反感を買い、メアリは湖の中の島に幽閉された。一五六八年に島を脱走して戦ったが敗れてイングランドに亡命し、エリザベス女王に保護を求めた。メアリはイングランド各地を転々として軟禁されていた。

メアリがスコットランドにおける自らの無実を主張して、スコットランド王位復帰への支援をエリザベス女王に求めるのであれば、それは実現したかもしれなかった。エリザベスも、もしも彼女が無実であるならばメアリの王位復帰に助力する気持ちもないわけではなかったし、その場合には、子のジェームズ六世との共同統治となるものと思われた。

しかしメアリはもう一方で、自らエリザベスにかわってイングランド女王の地位につこうとする野心もあった。その根底には、エリザベスはヘンリ八世とアン・ブーリンが正式に結婚してえた子ども(嫡出子)ではなく庶子であるから、ヘンリ七世の正規の曾孫にあたるメアリこそがエリザベスにかわってイングランド女王になるべきであるという主張があり、これが旧教側、スペイン側の考えにもなっていた。こうしたメアリをエリザベスはおおいに警戒せねばならず、事実、スロックモートン陰謀▲やバビントン陰謀▲などエリザベスの命をねらう陰謀があいついで計画されたのであった。こうした動きに対し、ウォルシンガム率いる秘密警察組織がメアリの身辺を厳しく探索していた。エリザベス側近である官僚たちは「連合規約」を結んで、エリザベスの暗殺をねらう者こそ殺害されるべきであると誓い合ったのであった。

　エリザベス女王の殺害を防ぐあらゆる手段が講じられた結果、ノーサンバランドのフォサリンゲイ城でメアリは処刑を宣言され、エリザベス女王も死刑執行礼状に署名した。しかしここにいたっても、エリザベスには、なおメアリを刑死から救いたい気持ちもあったようで、女王の許可をえずにメアリの死刑執行礼状を送達した第二秘書長官ウィリアム・ディヴィソンは処罰されてしまったのであった。

▼スロックモートン陰謀　一五八〇年頃から教皇やフランスの旧教徒を中心に、エリザベスを暗殺しメアリ擁立をめざす計画が立てられた。一五八三年にウォルシンガムらにそれが探知され、密命を帯び帰国した旧教徒スロックモートンは逮捕・処刑、かかわりのあったスペイン大使は国外退去を命じられた。

▼バビントン陰謀　一五八六年にウォルシンガムら当局に探知されたエリザベス殺害計画。旧教徒のバビントンがメアリと連絡をとり計画を立てたとして、メアリは有罪・死刑をいい渡された。

②—アルマダ戦争

アルマダ戦争にいたる対立

すでに述べたようにヘンリ七世の時代、イングランドはスペインと友好関係を築こうとしたものの、次のヘンリ八世の治世には新教、旧教の対立や諸々の事情を加え、厳しい敵対関係となってしまった。

やがて両国は、大西洋などの海上において、時折戦闘を交えるようになり、スペインが新大陸から金銀を運んできた船舶を、イギリス船がおそって積荷を奪ったり、またスペインからネーデルラントへの戦費の送金を妨害することもあった（表向きはスペインにかわってイングランドがイタリアの銀行からこの資金を借りるという形をとった）。ネーデルラントでの戦況をなんとも打開することができないスペインであった。

一五七一年レパント岬沖の海戦では、サンタ・クルーズ侯▲の指揮下でスペイン、教皇、ヴェネツィアの連合艦隊がオスマン帝国の海軍を打ち破っていた。スペイン艦隊は、船首に巨大な衝角（ラム）を備え、オールを両舷側に三段ほ

▼サンタ・クルーズ侯（アルバロ・デ・バサン、一五二六〜八八）　スペイン海軍の父と称せられ、レパント海戦の勝者。スペイン艦隊を指揮してオスマン帝国艦隊を撃破。

▼パルマ公（アレッサンドロ・ファルネーゼ、一五四五〜九二）　フェリペ二世の甥にあたる。英仏海峡南岸の旧教徒の勢力を支援するためフランスからネーデルラント西部に進出した。これによってネーデルラントの経済の中心がカレーからアムステルダムに移った。

▼アルマダ作戦　スペインの大艦隊アルマダの戦力とカレー付近でパルマ公率いるスペイン陸軍と合流してイギリスへ侵攻する計画。

▼フランシス・ドレイク（一五四三～九六）　イングランドの南西部出身のスペイン船をねらう私掠船長で海軍軍人。マゼランについで世界で二番目に世界周航をなしとげた。

▼ジョン・ホーキンズ（一五三二～九五）　エリザベス時代の私掠船長で海軍軍人。

ど重ねて配列したガレー船を主力とし、これを敵艦に衝突させ、剣や斧を持った兵士が敵艦に切り込むという戦術を用いていた。これは古代ギリシアとペルシアが海上で戦った時と同じ、「舟板の上にのった陸兵」によって敵を圧倒しようというものであった。もちろんスペイン艦隊には、ほかにも三本マストの帆船であるキャラック船、十六世紀に登場した大型帆船であるガレオン船も数隻含まれていた。スペインは、すでに併合したポルトガルの艦隊や商船隊（当時の商戦は海外での危険を考慮して、一種の武装商船である場合が多かった）を用いることができたうえに、ジェノア艦隊をも動員できる立場に立っていた。

フェリペ二世は、これらの艦隊を派遣し、ネーデルラントに駐留するパルマ公▲指揮下のスペイン軍をイングランドに上陸させて征服するという「アルマダ作戦▲」計画を立て、そしてスペインのいくつかの港などで準備を進めていた。

これに対するイングランドの艦隊はスペイン艦隊よりも数の上では少なかったが、多くが数百トンのガレオン船で編成されていた。両舷に多くの大砲を備え、砲撃力で敵艦を制圧する能力を持つ新鋭の艦隊であった。しかもイギリスにはフランシス・ドレイク▲やジョン・ホーキンズ▲という彼に劣らぬ海軍指揮者がいた。この二人を中心に「アルマダ」準備中のスペインを襲撃する計画がねられ、出撃にはエリザベスの黙認が与えられた。

一五八七年春、ドレイクはスペインのカディス港の沖合に三〇隻近いイギリス艦隊を率いてあらわれて、大胆にもカディス港内に突入して上陸し、アルマダ計画のために集積されていた軍需品を焼き払い、スペインの艦船三〇隻近くを破壊し、ポルトガルをも攻撃し、アルマダ計画の出鼻をくじいた。ここで大きな力を発揮したのはイングランド艦隊(ガレオン船)のもつ圧倒的な砲撃力であった。

このようなスペインとの対決を当然のことと受け取ったのは、女王側近の中でも、スペインとの対決を望んでいたレスター伯、ウォルシンガムや、この頃女王の側近として頭角をあらわしてきたサー・クリストファー・ハットンなどであった。しかしエリザベスとバーリー卿ウィリアム・セシルなどは、財政上の困難を慮ってスペインとの対決には慎重であった。バーリー卿はむしろ、スペインに「アルマダ計画」を思いとどまらせることができないかと期待していたほどであった。

そのカギとなるのはネーデルラントにおける和平の実現であった。その点は多くのものが望むところであったが、実現にはいたらなかった。

▼**メディナ・シドニア公**（一五五〇〜一六一九）　当初、指揮をとるはずだったレパントの英雄サンタ・クルーズ侯が一五八八年二月になって急逝し、その後任に選ばれたが、海戦についてては素人だった。

ついにアルマダ出発

一五八八年四月半ば、スペインを中心とする大艦隊（アルマダ）がリスボンに集結した。フェリペ二世は艦隊指揮の経験のない総司令官メディナ・シドニア公▲にあてて、作戦の大要や細部について詳しく伝え、さらに航海中の泊地にも、手紙でさまざまな指示を書き送った。そこにはカディスを急襲された反省も含まれていた。そしてアルマダ作戦の眼目を「ネーデルラントにいるパルマ公の軍隊との合流においている」ことを繰り返し述べ、「それまではイングランド艦隊との戦闘を避けて、スペイン側から積極的に攻撃をしかけないよう」極めて細かい点まで、アルマダの行動について指示したのであった。一方のエリザベスが、海軍長官ハワードやホーキンズ、ドレイクなど海戦に十分な経験をもつ指揮官に作戦のすべてをまかせていたのとは対照的であった。フェリペ二世の指示は、おおむね妥当なものであったようだが、国王が作戦の細部まで指示するということ、それ自体に問題があったのではないだろうか。メディナ・シドニア公が、自分は前任のサンタ・クルーズ侯ほどに国王に信頼されていないと解釈したとしても不思議ではない。

一五八八年五月半ば、ついにスペイン無敵艦隊は、一三〇隻ほどの大艦隊(兵員は二万人以上)でリスボンを出港した。しかし出港して間もなく、大艦隊はイベリア半島西岸を北上中に猛烈な嵐にみまわれ、多くの艦隊に被害が生じ、はぐれてしまう艦船も続出した。メディナ・シドニア公はやむをえず、補給や修理のため六月半ば、スペイン北西のラ・コルニヤに入港して態勢の立て直しをはからなければならなかった。

入港後、メディナ・シドニア公は国王にアルマダ計画の延期、イングランド側との和平交渉を打診したといわれているが、フェリペ二世はイングランド侵攻計画の続行をきつく命じたのであった。

嵐ではぐれた艦船をふたたび集結させ、修理や補修、物資の補給をおこない、アルマダはリスボン出港の時よりもむしろ装備を充実し、ビスケー湾を北上して英仏海峡へ向かった。この間イングランド側はアルマダの状況をかなり正確につかんでおり、嵐を避けてラ・コルニヤに入港したことも当然知っていた。イングランド側はビスケー湾でアルマダを捕捉する作戦を立て、一五八八年七月半ば、九〇隻近いイングランド艦隊がプリマスから出撃した。しかし今度はイングランド艦隊が悪天候と逆風にみまわれ、作戦をあきらめてプリマスにもどってきたのであった。この両国の海軍の決戦は、七月末に持ち越されることになったのである。

英仏海峡における決戦

一五八八年七月十九日、イングランド南西端、コンウォール州リザード岬沖にアルマダが姿をあらわした。このことはただちにプリマスにいたイングランド海軍主力に伝えられた。総司令官ハワード卿とドレイクが率いる六〇隻ほどの主力はプリマス港に待機していた。別の三〇隻ほどの軍艦からなる艦隊はシーモアが率いて、ネーデルラントにいたパルマ公の軍隊の動向を監視しながら、ドーヴァー・カレー間の英仏海峡を監視、警戒▲していた。リザード岬沖にアルマダがあらわれたとの報に接して出撃したのはプリマス港に待機していた主力

▼ドーヴァー・カレー間の英仏海峡を監視、警戒　今一つのイギリス艦隊は、ドーヴァー沖に待機して監視・警戒していた。

であり、七月二十一日頃に両国艦隊はたがいに相手を確認できる距離まで接近したようである。

アルマダはあまり戦闘能力のない兵員や補給物資の輸送船を引きつれていたのでこれを内陣におき、外側に戦闘力の高い大型船を配置して、イングランド艦隊の攻撃に備えた。その結果、三日月型の陣型をとることになった。攻撃力という点ではやや見劣りするものの、パルマ公率いるネーデルラント駐在の軍隊との合流点まで、輸送船をなんとか無事に送り届けるための安全策だった。

イングランド主力艦隊は、東進するアルマダのあとを追うように英仏海峡を進んでいった。イングランド側はポートランド・ビル沖とワイト島沖の二カ所で敵の上陸を阻止する積極的な行動を起こし、ここでは小規模の海戦がおこなわれた。

戦史研究者の中には、スペイン軍がワイト島に上陸して占領しておけば、長期間にわたってイングランドを圧迫する拠点となり、有利になったはずだと考える者も少なくない。しかしフェリペ二世がパルマ公率いる陸軍との合流を至上命令▲としていたので、アルマダ指揮官のメディナ・シドニア公はワイト島上

▼フェリペ二世の至上命令　パルマ公との合流を目的としたアルマダはワイト島にも上陸せず、イングランド艦隊の根拠地プリマスも攻撃せず、ひたすら三日月陣型を守って海峡を東進した。その間、多少の小海戦はあった。パルマ公自身はこの計画に疑念をもっており、エリザベス女王との和平交渉さえ考えたとされている。しかしフェリペ二世に計画強行を命じられ、アルマダはパルマ公軍との合流をめざしひたすら北進したが、イングランド艦隊の攻撃により合流は失敗した。海底の浅さや複雑な風向きの調査は不十分であった。

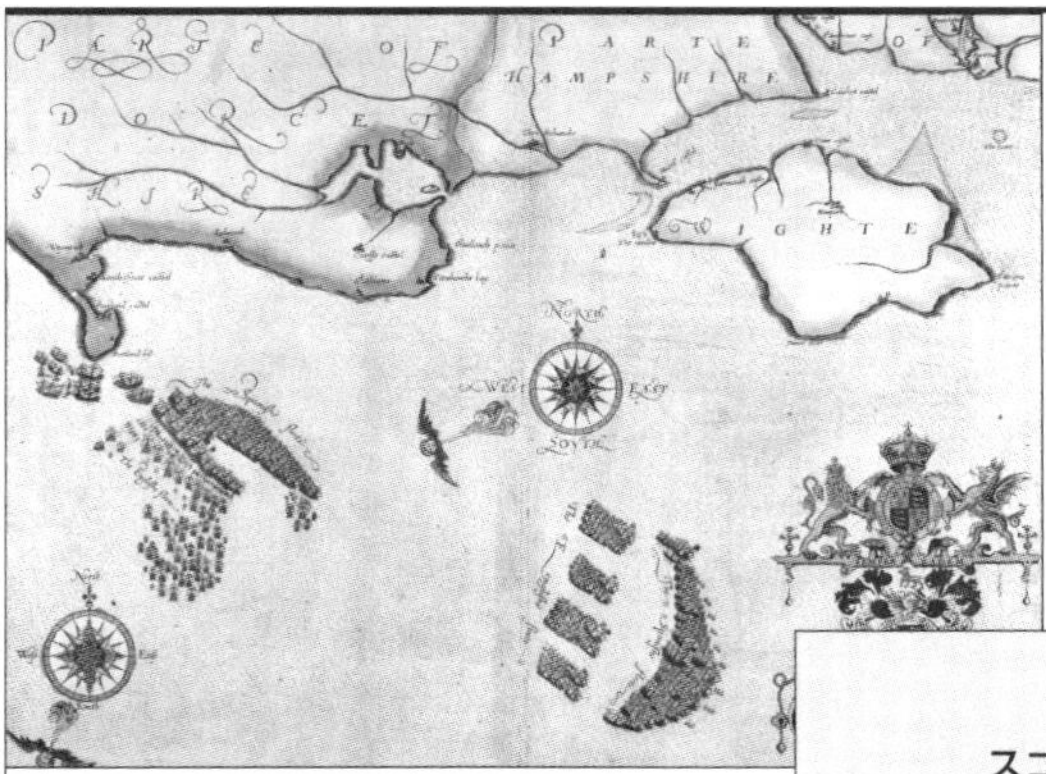

ワイト島沖での両海軍の接近　右下の三日月型陣型がスペイン海軍。

アルマダの航路

アルマダの海戦当時のエリザベス

アルマダの海戦　カレーよりやや東方、グラヴリーヌ沖におけるイングランド海軍(右手)の火船戦術。

陸を考慮したものの、危険をおかしてまで島に接近する策はとらなかった。そこで先行するアルマダを、イングランド主力艦隊が追尾するという形が七月末のほぼ一週間にわたって続けられたのであった。

イングランド側の火船戦術

アルマダを追尾してきたイングランドの主力艦隊は、ドーヴァーを警戒していたシーモアの艦隊とも合流していた。イングランド側は、アルマダがネーデルラントにいるパルマ公の陸軍と連絡をとる前に、なんらかの方法で決戦をいどむことを考えていた。

こうした一時停泊するような長期の海戦では「火船戦術」がとられることが多い。これは、小船やいかだに燃えやすい材をのせ、火をつけたのちに相手側に向かって送り出す戦法で、アルマダ側も十分に予想して警戒していた。当時の船舶は木造で、いったん火がつくと消しとめることが困難であった。ただし火船戦術は、敵の風上に位置し、潮の流れも敵艦隊の方に向かっていなければおこなえないという制約もあった。この時イングランド側がとった「火船戦術」は、常識はずれの大規模なものだった。火船は小船やいかだなどではなく、ドレイクらが提供した一五〇トン以上の艦船五隻と、もっとも小さいものでも九〇トンの艦船三隻からなる合計八隻の大型の船舶だった。これらに燃えやすいものを満載し、火で熱せられれば砲弾が発射される大砲さえ積み込んでいたのである。

七月二十九日になったばかりの深夜、イングランド側は強風の風上に位置しており、潮の流れもアルマダ艦隊に向かっていた。絶好の機会をとらえて、ついに八隻の火船が放たれた。深夜の闇の中から、突然あらわれた火船はアルマダに襲いかかった。この不意打ちに、スペインの艦船のなかには錨をあげるまもなく、錨索を切断して発進したものもあったようである。

カレー沖の決戦

大混乱に陥ったアルマダは、体勢を立て直すいとまもなく、初めてイングランド艦隊の砲撃に全面的にさらされることになった。

夕刻まで続いた砲撃戦でアルマダはかなりの損害を受けたが、それでも陣形を立て直して、イングランドの港のいずれかを占領しようとさえ試みた。しかしイングランドの陸上には、レスター伯ロバート・ダッドリが率いるイングランド地上軍が待ちかまえていたのであった。

　二十九日夕刻までの戦況は、アルマダにとって決定的に不利であり、今やパルマ公のもとにあったネーデルラントのスペイン陸軍との合流も絶望的になっていた。むしろ風向きが変わらなければ全艦隊がネーデルラントの海岸に吹きつけられて座礁する危険さえあったが、翌三十日午前には風向きが南西風に変わって最悪の事態だけはまぬがれたのであった。アルマダはイングランド・スコットランドの東方沖をひたすら北上して、スコットランドの北をまわり、大西洋に出てスペインに逃げ帰るしか方法はなくなっていた。この航路はスペイン人などの水先案内には極めて不慣れなコース▲であったため、座礁などによってかなりの船舶や人員を失ったようである。イングランド側では、スコットランドのフォース湾沖で、もはやパルマ公の軍隊との合流はないとみて追跡を打ちきったのであった。

▼不慣れなコース　火船戦術で混乱し、さらにイギリス艦隊の砲撃で損害を出しながらも、イングランド、スコットランド、アイルランド沖の、スペインには不慣れな海域を脱出せねばならず、ここで約三割の艦船を失ったとも考えられている。

ティルベリーに向かうエリザベス

ティルベリーでの演説

一方イングランド南部では、スペイン軍の上陸に備えて、レスター伯指揮下のイングランド陸軍による厳重な防衛体制が敷かれていた。ロンドン付近にも女王の身辺を警護する一部隊が配置されたが、このほかにテムズ川河口の北岸にあたるティルベリーには、レスター伯が指揮する一軍が配置され、敵が上陸した場合には、その進撃をはばむことになっていた。

アルマダが来襲するまでは、スペインとの和平も考えておおいに迷っていたエリザベス女王も、こうしたためらいを完全に振りはらって、スペイン軍をむかえ撃つイングランド国民の先頭に立つことを決心した。ひとたび決断すると、女王の行動はつねに素早かった。女王自身がティルベリーを訪れて、将兵を激励することにしたのである。彼女は全将兵の前で次のように演説した。

私はこの戦いのただなかで、あなた方と生死をともにする覚悟であり、また神と私の王国のため、私の国民のため……、塵のなかに命も投げ捨てる覚悟である。

私は自分が女性として、肉体が弱いことは知っているが、一人の国王として、またイングランド国王としての心と勇気とをもっている……ヨーロッパの君主がわが王国の領土をあえて侵すようなことがあれば、それをこのうえない侮辱と考え、それを忍ぶよりは、自らも武器をとって、自分があなたがたの司令官となり、審判者となり、戦場におけるあなた方の働きに報奨を与える者となりたい。

これを聞いた全軍の将兵も、伝え聞いた国民も、おおいに奮い立ったものと思われる。まさにエリザベス女王一世一代の名演説といってよいであろう。そして、アルマダが北海を北に敗走していき、イギリスは艦隊と陸軍の動員をすみやかに解除することができた。エリザベス女王は即位以来の最大の危機をひとまず脱することができたのであった。

重鎮たちの死去

国内では戦勝祝賀が盛大におこなわれるなど、アルマダ戦争を乗り切った興奮さめやらぬなか、これにいささか暗い影を落としたのが、寵臣レスター伯の熱病による急逝であった。

エセックス伯（ロバート・デヴァルー、一五六六～一六〇一）

陸軍の司令官であって、女王の側近の中では武人のトップに立っていたレスター伯の後継者はすぐにはあらわれなかったが、候補の一人にエセックス伯がいた。彼は、母がレスター伯と再婚していたので義理の息子にあたり、すでにネーデルラントで武人としての頭角をあらわしていた。本人も武人レスター伯の後継者としての自負があったようだ。女王からは時折、軍事行動の指揮を命じられたが、政治上の指導者としての評価をえていたわけではないようで、枢密議官に任じられたのは義父の死後五年もたった一五九三年であった。しかし女王にはべる寵臣のなかでは重要人物として目され、かなり手前勝手な行動もとっていた。エセックス伯がレスター伯の後継者とみて彼につき従う者も多く、またエセックス伯は独自に秘密の手下を抱えていたとも考えられている。女王からしばしば厳しい叱責を受けながらも寵臣としての地位を保っていた。

レスター伯についで、サー・フランシス・ウォルシンガムが一五九〇年にこの世を去った。国務長官も務め、豊富な外国経験を活かして政治的にも女王を支えてきたが、もっとも大きな功績はメアリ・ステュアートを中心とした旧教側の女王暗殺計画を未然に防いだことであろう。女王を暗殺から守るため、あらゆる手段を用いたウォルシンガムのやり方は、現代的な視点から「メアリの人権を蹂躙した」と非難もされるであろうが、当時としてはやむをえぬものであったともいえる。

さらに一五九一年には「エリザベス女王の議会での代弁者」としても活躍したサー・クリストファー・ハットンが死去した。この三人の死は女王に少なからぬ打撃を与え、エリザベス女王の政治に大きな空白をつくり出したのであった。

一方、この状況で動きをみせたのが、バーリー卿ウィリアム・セシルの次男ロバート・セシルである。バーリー卿の長男トマスは凡庸な人物であり(のちには授爵はしたものの)、父の期待は次男ロバートに向けられた。ロバートはくる病で、背中が曲がっているというハンディを抱えていたが、父の導きで急速に政治の中心を動かす能力を身につけてきたのであった。一五八〇年代半ばには、スペイン領ネーデルラント視察の仕事から公務にはいったのち国務にたずさわり、議会議員にもなった。十六世紀末には国務秘書としてナイトに叙せられ、父の死後、跡を継いで国務長官となった。こうした動きはエセックス伯の

ロバート・セシル(一五六三〜一六一二)

強い敵意の的となった。

スペインの失敗

「スペイン優位の時代」は十六世紀後半になると終末期が近づいていた。スペインが西欧における旧教勢力の回復をはかるなか、フランス国内でも宗教対立に王位継承問題がからみ、複雑な政治状況が続いていた。

旧教派である国王アンリ三世▲の弟、アンジュー公が死去し、ユグノー（新教徒）のアンリ・ド・ナヴァル▲（のちのアンリ四世）が王位継承者となってから、争いはさらに激化した。アンリ・ド・ナヴァルの王位継承権無効をめざすギーズ公ら旧教同盟は、フェリペ二世と公然と同盟を結んで勢力の強化をはかった。国王アンリ三世も当初はギーズ公ら旧教同盟と結びアンリ・ド・ナヴァルに対抗したが、王位をねらうギーズ公の野心を察したアンリ三世はギーズ公を暗殺する。

一五八八年のコントラスの戦いでユグノー派が大勝すると、アンリ三世はアンリ・ド・ナヴァルと和解した。翌年夏、ギーズ公暗殺の報復を受けてアンリ

▼アンリ三世（在位一五七四～八九）　ユグノー戦争中に即位したフランス国王。王位継承はカトリックへの改宗が条件とされた。

▼アンリ・ド・ナヴァル（アンリ四世、在位一五八九～一六一〇）　フランス国王。一五九八年にナント王令を出して、条件つきながら新教徒にも礼拝の自由を認めたが、一六一〇年旧教徒に暗殺された。

三世が刺殺されると、アンリ・ド・ナヴァルが新国王となり、アンリ四世を宣言する。旧教同盟はこれを否認して、フェリペ二世の支援のもとブルボン枢機卿シャルルをシャルル十世としたが、翌年彼は没してしまう。ブルターニュのメルキュールもついに国王側に帰順。イングランドやネーデルラント北部(=オランダ)と結んだアンリ四世がルーアンを包囲し、パルマ公率いるスペイン軍が救援に到着したが、パルマ公はここで傷つき、撤退後に死亡した。

旧教同盟の排除をめざすアンリ四世は一五九三年に旧教に改宗し、フランス国内は安定化に向かう。スペインが支援した旧教同盟は一五九五年にブルゴーニュの戦いで撃破され、終局の時をむかえたのであった。

このようにしてフランスの情勢は、フェリペ二世のまったく望まない方向に進んでいった。

ネーデルラントでも新教派のユトレヒト同盟▲は、暗殺されたオラニエ公の子マウリッツが、ホラント州法律顧問オルデン・ヴァルネフェルトの補佐を受けて、英仏両国ともある程度協力しながらスペイン軍の占領下にあった都市を次々に解放した。

▼**ユトレヒト同盟**　ネーデルラント独立戦争の折、北部七州が一五七九年に結んだ同盟(スペイン軍に対する「ガンの和約」)が、新教・旧教の対立がからんで南北対立が再燃した。

フランスのアンリ四世は一五九五年にスペインに宣戦を布告し、スペイン軍のカレー占領に対してエリザベスと英仏同盟を結び、その救援を受けた。この同盟にはネーデルラントのユトレヒト同盟も加盟し、今やイングランド・フランス・オランダが共同して、スペインの強硬な反宗教改革の政策に強く対抗する国際関係ができあがっていった。

フェリペ二世は「ドン・キホーテ」か

先述したように英・仏・オランダなど、スペインの覇権に対抗する共同戦線が形成され、これは覇権国家スペインを抑えようとする勢力均衡の原理が働いたとみることもできよう。フェリペ二世はまったく手づまりの状態になってしまい、一五九八年、ついにフランスとヴェルヴァン条約▲を結んで講和することになる。それは彼の死去のわずか四カ月前のことであった。

フェリペ二世を「ドン・キホーテ」と呼んだあるスペイン史研究者がいる。西欧全体を旧教信仰に取り戻すという「古き理念」にとりつかれ、ネーデルラント反乱抑圧にも、アルマダ戦争にも、ユグノー戦争介入にも失敗を重ねてい

▼ヴェルヴァン条約　ユグノー戦争へ介入したスペインに対して一五九八年に結んだ講和条約。これによりフランス・スペイン間の戦いを終結させた。

ったフェリペ二世の姿は、「騎士道」という古き理想に強く執着していた「ドン・キホーテ」と、重ならなくもない。

しかもフェリペ二世の失政は外交政策だけではなかった。財政面においてもスペインはすでに破綻していたのである。

スペインの挫折と財政破綻

十六世紀のスペインはフェリペ二世のもと、陸上・海上の兵力を強化して、全ヨーロッパで旧教の大義を守るため、ネーデルラントや英仏海峡でのスペインの主導権を確立しようと新大陸から銀を入手した。国内ではイスラーム教徒を北アフリカに追いやり、農奴身分であった農民を多少は解放したが、封建反動によりその権利をふたたび抑圧した。全ヨーロッパの宗教統一、および地域支配の目標と国民の利益はなかなか合致せず、フェリペ二世はネーデルラント支配やアルマダ戦争でスペインの威力を示そうとする一方で、壮麗なエスコリアル宮殿建設をも進め、「新大陸」でえた金銀の大部分を使いつくした。国内では一時、毛織物業なども活況を呈したが、国王の財政破綻で崩壊してしまい、

エスコリアル宮殿

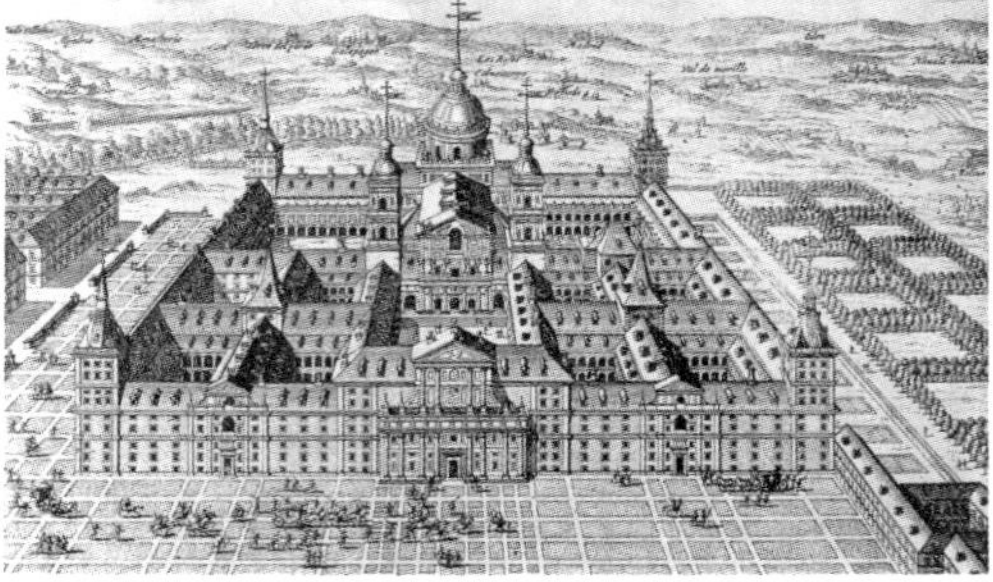

▼**フェリペ三世**（一五七八〜一六二一）　統治に関心がうすく、ネーデルランドと和約。三十年戦争に参戦してさらに財政窮乏を深めた。

国内産業の発展は抑えられてしまった。十六世紀半ばにはポルトガルを併合し、イベリア半島唯一の支配勢力となりながら、ついに一〇〇〇万ドゥカドゥスという巨額な借財をかかえることになる。一五七五年、スペインは国家財政の破綻を宣言し、一種の支払停止令さえ出した。それでも銀行家が高い金利ならば融資に応じたのは、やはりスペインが「新大陸」の銀を今後もえるであろうという期待にもとづくものであった。

フェリペ二世の後継者、フェリペ三世▲は一五七〇年以来の財政難を解決すべく、十七世紀初頭には長く続いてきたイングランドとの戦いを終結させ、ネーデルラント連邦共和国とも一二年間の期限つきながら休戦条約を結んで、事実上その独立を認めた。もはやこれ以上の戦争継続は困難であり、増税や新税創設などでは、この財政破綻を乗り切れるものではなかった。スペインはもはや大きな国際紛争に関わるだけの財力を残してはいなかったのである。結局フェリペ二世の反宗教改革政策は、のちに大きなつけを残したのであった。

一方イングランドもアルマダ戦争に勝利したとはいえ財政は極めて苦しい状況であった。エリザベスの死の直前まで、アイルランドの反乱は決して止むことはなかったし、十六世紀以来続いてきた西欧での国際紛争は巨額な戦費支出をしいるもので、もはや争いは続けられぬ状況になっていた。十七世紀のはじめには、つかのまの平和がやってきたが、その頃にはフェリペ二世も、エリザベスもすでにこの世を去っていたのであった。

▼**カンタベリ大主教グリンダル**（一五一九?〜八三）　かなりピューリタンなどに寛大であったため、女王とはしばしば対立した。

③—国教会とピューリタンや旧教徒の対立

厳しい女王命令

一五七六年、カンタベリ大主教に就任したばかりのグリンダル▲が失脚するという大きな事件が起きる。

グリンダルはこの頃、新教信仰をイングランドで強めていくために改革推進を担う人物として期待を集めており、英国国教会で中心の地位についていた。彼は「メアリ時代の亡命者」の一人で、エリザベス即位直後に帰国していたが、グリンダルをすぐにも国教会の枢要な地位である主教や大主教に起用することには女王が躊躇し、彼自身もなおそうした職につくことをためらっていた。しかし前女王メアリ時代の司教が一人しか新体制に残ろうとしなかったため、グリンダルも主教に加えられることになり、エリザベスがロンドン主教に起用した。他のメアリ時代亡命者でも主教陣に起用された者もいた。大主教は国王側近といってもよい高い地位であり、バーリー卿ウィリアム・セシルのような実力者がその人選にかかわっていた。

▼**フランクフルト論争**　メアリ時代の大陸亡命者の間でおこった論争。イングランド国教会の伝統にやや忠実なコックス派とジュネーヴの考え方に忠実なノックス派の両派がフランクフルトでかなりの論争をした。グリンダルはコックス派といってよい。

グリンダルはイングランド北部のカンバーランドの海岸地区セント・ビーズで育ったため、周囲にカトリック信仰の残滓を感じていた。ケンブリッジ大学で学び、自らの故郷も新教の良き説教がおこなわれれば、全き新教の地域に変わりうると考えるようになったようである。彼は大陸亡命中に起こったフランクフルト論争▲でも、保守的・統制的なコックス派であり、急進的なノックス派ではなかった。

一五七〇年にはヨーク大主教に任命されていたが、一五七五年カンタベリ大主教パーカーが死去すると、盟友バーリー卿の推挙によって、カンタベリ大主教の地位についた。しかし、これが彼の不幸の始まりであった。すでに前任のパーカー大主教の時代から問題となっていた「聖書釈義集会」(これは「説教訓練集会」とも呼ばれていた)の継続の可否をめぐって、就任早々エリザベスと対立してしまったのである。

もともと、聖職就任予定者や若い聖職者の訓練のために実施されていた聖書釈義集会だが、国教会当局の主教などのもとで開催される場合には監督の目がゆき届いていたものの、地方都市のジェントリなどのもとでの開催は監督が不

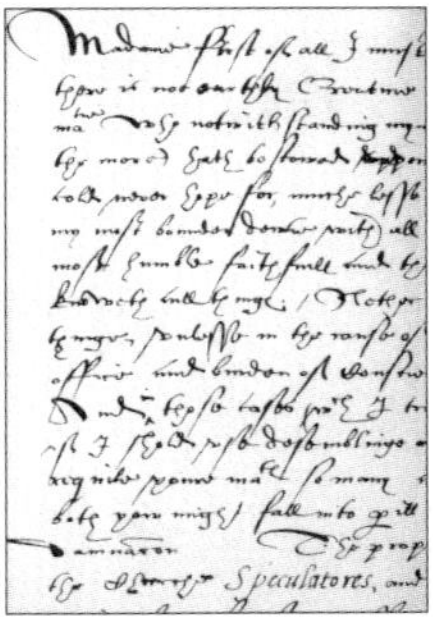

女王あてに送られたグリンダルの手紙（冒頭部分）　女王の教会政策に不満で、より自由なプロテスタント教会を希望していたグリンダルの考えが示されている。

十分になりがちだった。

すでに一五七〇年代にはイングランド東部の都市ノリッジでは、国教会に反抗的なピューリタンが中心となって活動したり、ジェントリや商工業者など俗人も自由に発言させるなど、国教会の監督から逸脱した形で集会が開かれていたため、エリザベスは大主教パーカーに対して、そうした形の集会を禁止する命令を出していた。グリンダルも、カンタベリ大主教管区における聖書釈義集会の全面的禁止と各州の説教者を二〜三名に削減する強い指示を管区内の各主教に伝達するようにと、就任するやいなや女王から指示されたのであった。

グリンダルの反論

しかし一五七六年末、新カンタベリ大主教グリンダルは命令を拒否する書簡を女王あてに送った。そのなかで、聖書釈義集会ほど聖職者に知識を広め、会衆の指導に有効なものはなく、説教者の削減についてはむしろ各州にできるだけ多く配置することが必要であると主張し、「私が天上の君主である神に逆らうよりは、むしろ地上の君主である陛下にあえて逆らうことをお許しください」とまでいいきったのであった。新教改革の推進、新教信仰のより良き定着こそ彼の強い希望であり、これを妨げる者は君主といえども批判するという決意であった。

書簡はへりくだった態度で書かれてはいたが、このような命令不服従に直面したことのない女王を驚愕、激怒させるに十分なものだった。女王はただちに、大主教の頭ごしに、直接に各主教に命令を伝達したのであった。女王とその家臣の間で起こった最大の事件であったといってよいであろう。

エリザベスにとって国教会は、国民の服従をうながすためのものであり、君主への服従は最も重要な要素だと考えていた。これを乱すようなものは、新教信仰の推進には有益であっても禁止すべきなのであった。

エリザベスが国王の大権事項として臣下の発言を許さなかった分野に、この宗教問題と王位継承問題があげられる。こうした問題にエリザベスは絶対的な決定権を行使しており、これが絶対王政の性格の一端であったと考えられるのである。

バーリー卿はグリンダルに対して、女王に謝罪して和解するように説得したが、彼の信念もかたく、助言には従わなかった。一方、この事件の背景には、バーリー卿の強い権力、特に高位聖職者任免にあたっての権限をゆさぶろうとするレスター伯やサー・クリストファー・ハットンの策動があったという見方もある。▲側近の勢力のバランスからみてありえないことではないとも思われるが、確証はないようである。
　女王は一五七七年六月、グリンダルに半年間の職務停止と謹慎・蟄居を命じた。さらに大主教の職位剥奪を命じようとしたが、バーリー卿ら側近から、そうした前例はないと諫められて、処分を思い止まったといわれている。結局、グリンダルの聖務停止と謹慎は半年でとかれることはなかった。騒動から数年後、一五八〇年になると老齢のグリンダルは目が不自由になり、健康もそこなったので、自ら辞職を申し出ようとした。エリザベスもこれを認めて、彼に年金を与える協議していた矢先、一五八三年六月に彼は死去したのであった。▲
　グリンダルの謹慎の間、カンタベリ大主教の職務はロンドン主教エイルマーが代行していたが、やがてウースター主教に任命されたウィットギフトに移行していった。そしてグリンダルが一五八三年に死去すると、後任としてウィッ

▼側近たちの立場　グリンダルの伝記を書いたパトリック・コリンソン教授は、側近ではバーリー卿ウォルシンガムはグリンダルを支持・支援していたが、主教エイルマーや側近のC・ハットンは女王のやり方を支持していたと指摘している。

▼謹慎後のグリンダル　グリンダルは終生、カンタベリ大主教を免職になることはなかった。ずっと大主教の館にとどまって停職中の身であったが、一五八三年まで大主教館にとどまっていた。晩年彼は失明の恐れがあったので、女王は彼に年金を与えて引退させようとしたが、それがおこなわれるまでに彼は死去した。

クロイドン大主教館　ロンドン南郊のクロイドンでグリンダルは死去した。

トギフトがカンタベリ大主教の座についた。

統制強化を主張するウィットギフトの就任には統制主義者ハットンの働きかけがあり、ウィットギフトがエリザベス時代の唯一の聖職者出身の枢密議官にも登用されたのも、彼の好む方向であったようにも思われる。エイルマー、ウィットギフトの二人は、グリンダルに比べてピューリタンを統制しようとする意図をもっていたことが、国教会の秩序維持をめざす女王によって評価されたのだろう。すなわち「真の新教信仰」をイングランドに確立しようという目的が、国家の秩序維持のためにもっとも都合の良い信仰を維持することにおきかえられたともいえる。そのため自ら「真の新教信仰」確立を努力していると信じている者たちのなかから、一五八〇～九〇年代に国教会主流への批判が噴出するのであるが、それについては、のちにまとめてみたいと思う。

強まるピューリタンや旧教への統制

ピューリタンによる国教会への抵抗は頭痛の種であったが、ローマ・カトリック教会の立場を信奉する旧教徒の存在もやっかいな問題であった。一五八一年にはイングランド下院も極めて厳しい反旧教徒法案を審議しはじめたが、エリザベスはこれをやや緩和して法令として公布させた。また旧教徒など国教忌避者への罰金が一気に月二〇ポンドという法外な高額に引き上げられたのであった。しかし、一五七〇年代から八〇年代にかけて、スペインとかかわりをもつ反エリザベス陰謀が繰り返し起こると、罰金の効果か、イングランドがスペインの攻撃にさらされるのを嫌がったものか、イングランドの旧教徒▲の中には、むしろ女王に忠誠を誓う者が増えてきたのであった。

　グリンダルの失脚からエイルマーやウィットギフトら国教会内の統制強化派の台頭、続く一五八三年のグリンダルの死とウィットギフトのカンタベリ大主教就任といった流れは、やはり国教会の性格をかなり変えたようであった。新教信仰の浸透に力をいれ、国教会を真の新教教会として改革しようとするイングランド新教徒の意欲はやや衰えて、国教会の秩序と当局への服従を重視する方向が明確になってきた。加えてメアリ時代に亡命者だった主教たちはこの時期に次々に死去し、ヨーロッパ大陸の新教徒との一体感や連携をもたない新しい世代が主教陣を構成するようになってきた。こうした国教会は、イングラン

▼イングランドの旧教徒　スペインや教皇に加担するカトリック信仰ではなく、イングランド国民のカトリック信仰というべきものはたしかに残っていったといってよいであろう。

▼国教会への服従を誓約する三カ条　この「三カ条」というのは、①「国王首位権」②「共通祈禱書」の遵守であり、①にはほぼ国民の間に反対はなく②には多少の反対があった。第三の③「三十九カ条の遵守」にはかなり国民の間に反対があった。ウィットギフトはこの三点の遵守を強く守らせようとしていた。

▼第三代ヘイスティングズ伯ヘンリー（一五三五〜九五）　ピューリタンの支援者、イングランド北部の有力貴族。

ド独自の伝統を強調して秩序や一体感に重きをおく方向へと変化しつつあった。

アルマダ戦争前の一五八〇年代前半、ピューリタンや旧教徒に対し、女王の権威や秩序への服従をより強く求める国教会当局の統制は、ウィットギフト大主教の下で強化されることになった。ウィットギフトは就任後ただちに、全聖職者に国教会への服従を誓約する三カ条▲に署名を要求した。このとき三〇〇〜四〇〇名が署名を拒んで聖職を去ったといわれている。なかでも最も不満とされたのが、共通祈禱書への服従の強制であり、ピューリタンは国教会の礼拝様式を強制するこの共通祈禱書に強い反感をもっていた。

こうしたピューリタンへの圧力は、ロンドンなどでは強まっていたが、なおもピューリタンを庇護する有力な貴族や枢密議官などは国王の側近にも存在した。特にイングランド中部・北部では旧教徒を抑える意図もあって、説教訓練集会が継続されている地域もあり、ピューリタンを自らの私教会に採用したりするなどの方法で支援する貴族・ジェントリもかなりいたのである。その代表的な貴族が第三代ヘイスティングズ伯ヘンリー▲であった。彼は国王から任命されて北部長官を務める「国王の側近」といってよいほどの人物であった。彼の本拠地アシュビー・ド・ラ・ズーシュにはアンソニー・ギルビーなど影響力をもつピューリタンが活動していた。

またサー・ウォルター・マイルドメイ▲（枢密議官）もピューリタンの支援者だった。彼は多くのピューリタンが学んだイマニュエル・カレッジを創設している。中部・北部のイングランドでは、旧教勢力を抑えるための新教支援という構図ができており、ピューリタンは厳しい圧迫を受けていたわけではなく、むしろ新教信仰の浸透がはかられていた。そこに国王の側近といってもよい第三代ヘイスティングズ伯やマイルドメイらが活動していたのであった。

議会に出された国教会改革案

先にも述べたように、女王は教会体制などの宗教問題は、議会が審議すべきものではなく、国王大権をもって決定すべき事項であると考えていたが、これに反して、ピューリタンの議員は教会改革案▲を再三、議会に提出したのであった。一五八〇年代には、本格的な教会改革の提案が議会に提出されたが、そのなかに「共通祈禱書」の代案が含まれていた。ピューリタンがどれほど「共通

▼サー・ウォルター・マイルドメイ　（一五二〇～八九）　中央や地方の役職についたジェントリで、母校ケンブリッジ大学に一五八五年、イマニュエル・カレッジを創設した。

▼教会改革案　国教会の改革案はかなり数多く議会に出されたが、女王は教会体制は彼女自身が決定するものであるという立場を譲らなかった。議会側にはカルヴァンがジュネーヴで採用している「長老教会制」への変革を求める者もかなり多くいた。

祈禱書」にもとづく国教会の礼拝様式を問題視していたかがうかがわれる。しかし、国教会当局にしてみれば、このような提案は「主教制の国教会」を他の体制に変革しようとする意図を含むものであり、受け入れられるものではなかった。議会に提出されるあらゆる国教会改革の提案は、エリザベスの強い意志によって阻止された。

一五七〇年代から八〇年代にかけて、ピューリタンの中には、カルヴァンがジュネーヴの新教教会で採用していた「長老教会制」をイングランドの国教会体制として採用すべきであるとする「長老派」が、すでに出現していた。ピューリタンの下院議員が議会に出した教会改革の提案も、そうしたグループが中心となって出されたものであった。

「ピューリタン」という用語

ここまで「ピューリタン」▲という語を何の前提もなく用いてきたが、ここではこの問題を多少、論じておかねばならない。「ピューリタン」という語は、通常「ピューリタン」と呼ばれている人々の自称ではなく、他人が彼らをあら

▼**ピューリタン**　ピューリタンは本来中世の異端の分派をさすものとされて、そのグループのカタリ派をさして反対者がつけた名称であった。

わすために用いた一種の悪口として使われたものである。十六～十七世紀のイングランドでは〈自分たち〉を純粋な者であるとする、つまり〈純粋ぶった人〉という意味に使われる用語であった。わが国ではアメリカ合衆国の建国の理想を示すものとして「清教徒」などと、日本語に訳されることが多いが、これは十六～十七世紀のイングランドのピューリタンを正しくとらえたものとはいえないように思われる。

リチャード・バクスター▲は、敬虔で信心深い生き方をしている彼の父を〈ピューリタン〉という「恐ろしい言葉」で呼ぶことに『自伝』の中で抗議している。また十七世紀初めに「イングランドのピューリタニズム」という一論を書いたウィリアム・ブラッドショー▲は、自らはピューリタンではないと強く主張している。

ではいわゆる〈ピューリタン〉は、自らのことを何と称していたのであろうか。それは「敬虔な人々」とでも訳すべき「ザ・ゴッドリ」であった。本書では、まさにこうした意味で「ピューリタン」という語を用いていきたいと思うのである。

▼**リチャード・バクスター**（一六一五～九一）　ピューリタンの聖職者・説教者。キダーミンスターの牧師。内戦期には従軍牧師も務めた。

▼**ウィリアム・ブラッドショー**（一五七一～一六一六）　中部イングランドで活動したピューリタン。

長老派のクラシス運動

　ピューリタンの中の長老派が、独自の教会体制を採用する提案を出そうとする動きが、女王の強い意志によって抑えられてしまったことは、すでに述べた通りである。その後、ノリッジをはじめとする東部諸州の各地に一種の地下組織ともいえる「クラシス」▲が成立して、相互に教会規律や礼拝様式の問題を協議した。このように、各地の同志が地域ごとに長老派による教会体制へと変革のさきがけをつくりあげていこうとしたのが「長老派クラシス運動」▲であった。しかしこれは主教制の国教会を捨てて、別の教会をつくりあげようとしたものではなく、国教会内にとどまりながら、あくまでも将来、長老教会制を樹立する第一歩としての活動であった。

ピューリタン急進派の国教会批判

　しかし、こうしたクラシス運動程度の国教会批判では満足しない急進派も存在していた。その根底にある考え方は、「真の信仰者」のみによる教会形成をめざしての「分離」だった。すなわち、彼らが「誤った道におちいった」と考

▼クラシス　長老派がつくりあげた協議機関(集会)。国教内にとどまりながら、長老派独自の協議機関となっていた。

▼長老派クラシス運動　国家の教会体制ではなく自分達の教会体制として長老派のクラシスをつくりあげようとした運動。

えている英国国教会と決別し、自分たちの信じる正しい教会の設立をめざしたのである。

一五八〇年代には『何者にも期待せずにおこなわれるべき宗教改革』を著したロバート・ブラウン▲やその友人ロバート・ハリソン▲が、東部の都市ノリッジで「真の信仰者」のみによる分離派教会をひそかに結成していた。彼らは当局の弾圧を受けたのちに、ネーデルラントに亡命して、そこに分離派教会をつくっていた。分離派は当然ながら、より危険な存在としてみられていたので、その教会員の中には当局に捕らえられて処刑される者もいた。

アルマダが来襲した一五八八年頃、こうした長老派や分離派などの国教会改革運動がいずれも当局の弾圧によって限界に達すると、国教会を戯画化して誹謗・中傷する「マープリレイト文書▲」なる地下出版物がイングランドにあらわれた。「マープリレイト文書」とは、偽名の人物マーティン・マープリレイトが出版した文書という意味なのだが、「プリレイト」(高位聖職者)を「マー」(やっつける)という、裏の意味をもつ。発行所・印刷所をあちこちに移動させていたが、マンチェスター近郊でついに当局に抑えられた。その後、この文書の

▼ロバート・ブラウン(一五五〇～一六三三)　教会の国家からの独立という分離派の説は迫害をうけ、ネーデルラントに逃亡。さらに「新大陸」で分離派教会をつくった。

▼ロバート・ハリソン　国定教会という存在を否定していたのでよりきびしい抑圧を受けたが、革命期には独立派などと呼ばれるグループをつくって十七世紀革命の推進に大きな働きをしたといってよい。

▼「マープリレイト文書」　当初はやや真面目な主教制批判をおこなっていたが、後には主教などを風刺的に批判するために、秘密の地下出版の形をとっていた。この文書の関係者には国教会に批判的な長老派なども関与していたようである。

▼**リチャード・バンクロフト**（一五四四〜一六一〇）　ロンドン主教当時から権力をふるい、主教側を代表して活動した。

▼**リチャード・フッカー**（一五五四〜一六〇〇）　国教会の神学者。一五九四〜九七年に『教会政治理論法』を著す。

中心人物として、ピューリタンのジョン・ペンリがとらえられて処刑された。しかし最近の研究では、ジョブ・スロックモートンというジェントリが、この動きの中心人物であったと考えられている。「マープリレイト文書」は一種の風刺文学としては今なお評価され、研究もされてはいるが、主教たちの行状をゴシップとして暴露するというやり方は、当時にあっては、従来、真面目な批判をおこなってきたピューリタンの評価をいささか傷つけるものであったといってよいであろう。

これに対して国教会側からは、リチャード・バンクロフト▲が『危険な状態と行動』という著作の中で、ピューリタンを激しく攻撃した。さらに、彼は一五九三年にカンタベリ大主教に就任すると、ピューリタンを「治安を乱す不忠な仲間」として、厳しい取締りを規定したのであった。

一方、国教会の立場を体系化したリチャード・フッカー▲は『教会政治理論法』を著し、説教に重点をおきすぎるピューリタンの立場に対して、むしろ教会の神聖さや美化を重視し、聖礼典に重点をおく信仰のあり方を説いている。これは十七世紀に登場してくる聖礼典重視の立場（普通は大主教ロードを中心とした「アルミニウス主義」とされることが多い）の先駆をなしている点もみられるのである。

カンタベリとヨークの二つの大主教（特にカンタベリ大主教）は、国王の側近といってもよいと思われるが、グリンダル大主教など、国王のいいなりにはならぬ人物も登用されてきた。しかし、ウィットギフト大主教以降、十七世紀の革命期にいたるまで、国王の意向にそって教会の秩序維持に力をいれるカンタベリ大主教の就任が続いたように思われる。国王の側近としての性格が強まり、それだけに国教会当局とピューリタンなどとの見解の衝突も、十七世紀前半にかけて、激しくなっていったようである。

④—十六世紀イングランドの盛衰

毛織物輸出の動向

エリザベスの父、ヘンリ八世はその治世において、イングランドの信用をおとすような行動がめだって多かった。彼は大陸での戦争にしきりに出兵して国家の財政を悪化させ、その損失をうめるために莫大な教会財産を没収していながら、厳しい財政難を生じさせてしまった。「貨幣悪鋳《あくちゅう》」▲という為政者としてとるべきでない手段まで講じた末である。これは金貨や銀貨の貴金属の量を低くして、一時的に名目上の貨幣量をふやす小手先の策であり、やがて事実が人々に知られるようになると、悪鋳された貨幣の価値は大きく下がって、国の信用を傷つけるようになる。十六世紀のベルギー・アントワープではイングランドのポンド貨幣の受け取り拒否さえ起こっていた。そこでイングランドは、金貨の品位を元にもどし悪鋳をやめたが銀貨の品位は正さなかったため、アントワープではイングランドのポンド銀貨の信用はあい変わらず回復しなかった。アントワープに駐在して国際金融などの代理人を務めていたトーマス・グレシ

▼**悪鋳**　江戸幕府も「貨幣悪鋳」をおこなって財政難に対応していたことはよく知られている。

トーマス・グレシャム

グレシャムが建てたロイヤル・イクスチェンジ（王立取引所）

ャムは、こうした状況を憂慮して、政府高官（おそらくウィリアム・セシル）を通じて、ポンド銀貨の品位改善を建言したようである。このトーマス・グレシャムこそ「グレシャムの法則」すなわち「悪貨は良貨を駆逐する」を定式化し、のちにロンドンにロイヤル・イクスチェンジ（王立取引所）を創設し、さらには「商人のための大学」グレシャム・カレッジの創設を計画した人物である。当時の商人の見識がかなり高いものであった一例といってよいであろう。

　徐々にイングランドのポンド貨幣の価値は、従来より高く評価されるようになったのであるが、そのため逆に毛織物輸出は減少または停滞することになっていった。それは今日、日本が円高になると輸出が伸びなくなるのと同じように、ポンド貨の評価が良い方向に進むごとにイングランドの毛織物輸出ブームは去ってしまったのであった。

　毛織物輸出（原料の生産地は種々あったが）は、国外への出口をほぼロンドンが独占し、地方港のハル、ニューカッスル、エクセター、サウサンプトンなどは衰退ぎみであった。毛織物輸出の回復にとって大動脈だったネーデルラント貿易も、スペインの妨害や、ネーデルラントの対スペイン反乱における反乱側の海上封鎖によって停止を余儀なくされ、そのたびにアントワープ経由の輸出は止まり、イングランドの毛織物業は大きな打撃を受けた。このため、対応策として一五六〇年代末から、根拠地となる港をアントワープからドイツのエムデン、ハンブルク、シュターデなどへ次々に移したのであった。一五八〇年にアントワープがスペイン軍に包囲・攻撃されて陥落するという状況のなかでも輸出が続けられたのは、こうした努力の結果だった。

しかし毛織物輸出は一時大きく低下したものの、やがて回復に転じた。十六世紀末にはネーデルラントからの移住者によって、「新毛織物」と呼ばれた薄地の毛織物の生産が可能になり、それによっても毛織物輸出は、輸出ブームの頃を少し下まわる程度の輸出の水準をなんとか維持できたのであった。

毛織物以外の産業でおおいに発展したのは皮革産業やリネン、綿織物、さらに鉄工業、造船業や陶器やみょうばん製造、石鹸、ボタン製造や燃料用木材（のちにはこれにかわって石炭）の製造が加わり、ノッティンガム、ニューカッスルで炭鉱開発も進み、首都ロンドンに工業燃料や家庭用燃料を供給し、石炭や銅、鉛は輸出もされていた。一方、鋼鉄製造は有力者による独占が進んだ。

このように国内産業の創出や改良によって、やがてきたるべき本格的工業化（産業革命）への道に踏み出していた。

ロンドンに一極集中化した人口

中世のロンドンは人口が約四万で推移しており、ヨーロッパの都市としては二流の都市といってもよかった。それが一六〇〇年になる頃には人口は二五万、一六四〇年には、四〇万となり、やがてパリの五二万をぬいて、ヨーロッパ第一の首都に大きく成長していく。

十六世紀当時のロンドンとは、主としてテムズ川北岸の市壁から八〇〇メートルほどの範囲を市域としており、ウェストミンスターは別の市であった。他のヨーロッパ諸国では、首都以外にも人口四万以上の都市が、数個から十近く存在していたのに、イングランドの場合はロンドンのみが巨大化して、これに比肩しうる大都市は国内には存在しなかった。この巨大化は、地方からの移入者と多少の外国人が宗教的・政治的混乱を避けて移住したことにも一因となった。

▼ホワイトホール　ヘンリ八世によって、議会の議場とされており、君主と下院議員が面会するには好都合な場所であったと思われる。

テューダー朝時代を通して、国王は宮廷の所在地としての固定した王宮はもたなかった。シティ内にブライドウェル宮、シティ近くにセント・ジェームズ宮、テムズ川を下ったグリニッジにかなり大きな宮殿があり、これらを季節や行事によって使い分けていた。またテムズ川南西にハンプトン・コート(これは枢機卿で大法官であったウルジーが建てたものであることは前述した)、さらにテムズ川の西方にリッチモンド宮、ナンサッチ宮(この二つは現存していない)があったが、政治的にはホワイトホール▲がしばしば用いられてきた。

ロンドンの衛生状態はやや悪化しており、疫病流行の危険もはらんでいた。また一六六六年の大火以前のロンドンの建物はほとんど木造で、土地不足のために四階建ても多かった。こうしたロンドンの状況が、十七世紀後半の疫病流行や大火の起こる背景となっていたのである。市域以外に住みつく者が多数あり、とくにのちにイーストエンドとなる市域東部に、繊維産業従事者が多く住みついた。

●——ハンプトン・コート（一五五八年）

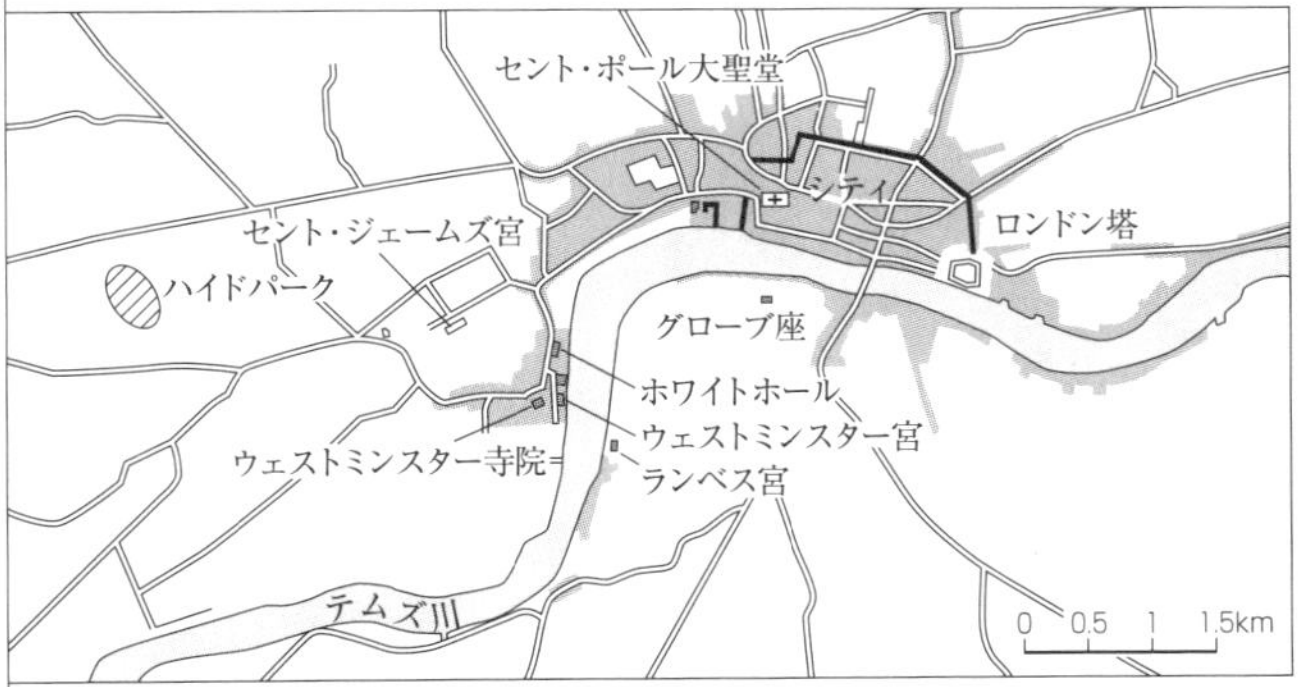

●——エリザベス時代のロンドン

●——十七世紀のロンドン橋の様子

流入する人口を吸収できたロンドン

ロンドンには流入する人口を吸収しうる商工業の発展があった。また、政治や裁判の用事でロンドンに滞在する者が増え、上流階級の社交シーズンには人々が集まった。ロンドン西部やウェストミンスターへの有力者や司法関係者の定住も始まっており、旧来の修道院といった宗教施設が住まいに転用されることも多くなった。こうしてロンドンのウェストエンドが形成されていったのであった。

一方、貧者を救済するための方策▲も新しく考えなおされた。従来、救貧の中心であった修道院が解散したため、ホームレスや物乞いなどの貧困者を減少させ、救済する策が求められたのである。一五六三年の救貧法では、貧困者救済のための「救貧税」の先がけともいえる措置がとられるなど、多少の方策が試みられた。一五九〇年代になると九二〜九三年の疫病流行、十六世紀中最悪となった九五年以降の凶作を通じて、九八年以降には体系的な法令が構想された。また、貧民監督官の設置や救貧財源の任意拠出も検討され、エリザベス時代の救貧体制が形成されていく。産業革命期までこの体制が基本的には継続されて

▼**救貧策**　エリザベス時代には教区と都市の禁貧行政の中心となって、それまでの物乞いを禁じて、教区単位と行政的な体制がつくられ、一六〇一年には治安判事が責任をもって貧民救済にあたる体制がつくりあげられた。

いったのであった。

新市場の開拓・新しい会社の形態

イングランドは、一五七九年にオスマン帝国から貿易・商業上の特権(カピチュレーション)を獲得して、常駐の外交代表もおいた。当時イングランドの常駐外交代表は、フランスとネーデルラントにしかおかれていなかったので、オスマン帝国とイングランドの接近をスペインは憂慮した。

この措置で毛織物輸出がやや増加したが、オスマン帝国の希望は、武器の原料となる鉛・錫の輸入だった。またハンザ同盟▲の特権と争って、バルト沿岸にも貿易拡大が試みられ、多少の毛織物輸出の拡大も実現したが、イングランドにとっては造船に不可欠な木材、タールや帆布材料の輸入も重要だった。

地中海・バルト海への進出によって、それまで毛織物輸出をほぼロンドンに独占されて衰退気味だった地方の港、ハル、ニューカッスル、ブリストルやエクセターやサウサンプトンなどにふたたび活気がもどってきた。

販路拡大のため、アジアをめざす新たな航路の開拓も試みられた。一つは北

▼**ハンザ同盟**　本来は「商人の仲間」の意。最初バルト海沿岸のドイツでつくられた。

▼**冒険商人組合**（マーチャント・アドベンチャラーズ）　主としてヨーロッパにおける貿易特権をもつ会社。

東方面にスカンディナヴィア半島の北をまわり、もう一つの北西航路はグリーンランド周辺からアジアへ達しようとするやや無謀ともいえる計画であるが、つまりはスペイン・ポルトガルと衝突せずにアジアに到達したいという願望が強かったことを示している。北東航路は計画は失敗したものの、白海にでてロシアのアルハンゲリスク港に到着することができ、以後、多少ともモスクワ大公国への厚地毛織物輸出に道を開いたのであった。

こうした貿易の多くは、女王から特許状を与えられてカンパニ制をとり、加入料を支払った商人たちの個人出資で組織された制規会社（レギュレイテッド・カンパニ）によっておこなわれていた。

このような方式はすでに冒険商人組合（マーチャント・アドベンチャラーズ）▲がとっており、ロシアとの交易をめざすモスクワ会社（一五五二年）や、別に合本会社（ジョイント・ストックカンパニ）が組織されていった。一五八一年に設立されたレヴァント会社も同様の方式で設立されたが、これはのちに制規会社に変更された。

合本会社は商人でなくても会社に出資が可能であり、資本を結合させて企業

▼イギリス東インド会社　十六〜十八世紀に、おもにインドとの貿易特権をもって活動した。

活動を展開する方式は十六世紀後半、一種の実験段階をへて東インド会社▲で本格的に採用されたのであった。

女王から特許状を与えられたレギュレイテッド・カンパニを主流とする多くの貿易会社の登場は、イングランドの経済発展を示すというよりも、むしろ十六世紀後半の経済停滞を打開するための努力を示しているようである。こうした貿易会社や商船隊が各国においた出先機関や駐在員は、イングランドの税関や領事としても機能した。また、商船隊は非常時には海軍としての役割もはたしたため、政府も優遇するだけの価値があったのである。

新しい市場の開拓、新しい会社の形態の試みでは成果をあげ、それなりの利益もえていたイングランドだったが、国庫の収入となると十分な成果をあげることができなかった。

重荷だったアイルランドの反乱鎮圧

エリザベス治世下のイングランドにとって財政的に重荷となったのは、アルマダ戦争など国外の紛争よりも、アイルランド反乱の鎮圧であった。加えて一五九〇年代には、先に述べた疫病と凶作も起こって、財政難はさらに深刻なものになっていった。アイルランド鎮圧には二四〇万ポンドが費やされていたが、アルマダ戦争関係の支出は、かなり大規模なカディス遠征を含めても約三三万ポンドにすぎない。アイルランドを抑えるため、いかに巨額の出資をしいられていたかが数字のうえにもあらわれている。

エリザベス女王も、そして長年にわたり財政を担当したバーリー卿ウィリアム・セシルも倹約には長けていたが、収入源をみなおして増収をはかるとか、関税以外にも恒常的課税を議会に承認させるなどという努力を欠いており、結果的にイングランドでは税負担が他の西欧諸国に比べて低いという伝統を打破できなかった。例えば、フランスはガベルとタイユ▲という恒常的な課税があったのに対し、イギリスの場合、課税はすべて議会の承認を受けなければならなかった。▲

エリザベス自身は多額の出費を必要とする戦争をひどく嫌っていたが、一五八〇年代の国際情勢は、対スペイン戦争を避けられぬものにしていた。その後、一五九〇年代半ばまではバーリー卿の努力によって国家財政に多少の貯蓄を残

▼ガベルとタイユ　ガベルは間接税としての塩税。タイユは所得に応じて負担する直接税。

▼戦費の捻出　イングランドには、フランスのような恒常的収入がなく、反乱や戦争があると、そのたびごとに議会の承認を得て費用をだしてもらうか、王室の財産を売却してでも費用を捻出せねばならなかった。

したが、そののちの大凶作の影響が深刻になっていったため、一五九六年以降、国庫の貯蓄は、ふたたび減少して、毎年数万ポンドの王領地売却に踏み切らざるをえなくなっていた。

「新大陸」を起源とするジャガイモ▲は、やせた土地でも栽培できるためヨーロッパでは凶作時の有効な対策となっていったが、残念ながら当時のイングランドにはまだ伝わっていなかった。

疫病流行に続く大凶作の際のイングランド政府の対策の中で、一五九八年の救貧法制定と緊急の食糧輸入は評価できるとしても、食糧暴動が頻発した危機に際しての対応はおそまつなものだった。政府は食糧不足や価格高騰を、買い占めや売り惜しみが原因であるとしてこれを禁止して適正価格での販売を厳重に指示したが、守らせる具体的な方策を講じなかった。その後、あらためて囲い込みを禁止し、耕地の維持をはかる方策がイングランド議会で議決されたり、都市の貧民に帰郷をうながす指示をだすなどの策がとられたが、目前の飢餓に対してはまったく効果がなかった。

政府の対策には、中世以来の旧来の社会秩序の回復をめざす姿勢が強くみら

▼ジャガイモ　一五八五年、サー・ウォルター・ローリーが「新大陸」のヴァージニア植民を企てた時、先遣隊がジャガイモとタバコを持ち帰ったのであったが、これがまだブリテン島に定着していなかった。ジャガイモはのちにアイルランド人の食料として重きをなした。

れ、十六世紀後半の急速に変化しつつあった社会に対応する適切さが欠けていた。イングランド庶民の生活水準は、この世紀としては最低にまで落ち込んでいったのである。

独占特許状の乱発

ふたたび悪化した財政の建て直しのために、国王の独占特許状が数多く発行された。本来これは、他国より遅れていたイングランドの産業部門で、自国の産業を保護・育成するために与えられるものであった。特許状の発行を受けるには、一種の上納金を国王にさし出す必要があり、国王の大権事項であったために議会の承認を必要とせず、この財政難にあたって、エリザベスのもとで濫発されていた。また家臣に与えるべき利権が少なくなってきたために、国王自身の収入にはならなくとも、報酬として独占特許状を与えることも多くなってきた。

独占特許状が財政上の手段として用いられるようになると、いくつかの商品の価格がつりあげられることになった。一五九七年に議会で独占特許状に対する不満が示された時、女王はその濫用を改善すると約束したが、事態はその後なに一つ改善されず、ついには鉄、ガラス、石炭、鉛、塩のような国民生活や産業の中心となる物資にまで独占がおよんでいった。一六〇一年の議会で一人の議員が「次にはパンにも独占特許状が与えられるのではないか」と叫んだのも、かなり理由のあることであった。イングランド下院はこのような不満を請願の形で訴えるやり方よりも、議会が独占特許状賦与の権限を制限する法案をつくる道をとろうとした。もちろんこうした法案は、女王の同意がなければ法令として成立することはないが、議会の不満はそれだけ強くなっていたのであった。

この頃、アイルランド情勢は緊迫の度を増していた。イングランド側はダブリン周辺のみをやっと確保していたが、一六〇〇年末、スペインの支援船がアイルランド南岸のキンセイルに上陸するにおよんで、女王は議会を召集して、多額の戦費を議決してもらうことがぜひとも必要な状況になっていた。数年前の一五九八年に起きた反乱では、財政担当のバーリー卿はすでに死去していて反乱鎮圧の戦費を捻出する特別の方策も見当たらず、女王自身が王領地はもちろんのこと、女王所有の宝石や貴金属さえも売却したといわれている。

議会を開けば独占特許状への不満が噴出することはわかっていたが、一六〇一年十月エリザベスの治世最後の議会が開会されたのであった。案の定、議会では女王の独占特許状をめぐる無策に対して強い不満が示され、戦費への補助金の議題にたどりつく気配もなかった。状況を見守っていたエリザベスは、下院議長を通じて、独占の弊害を自ら改善する意向を示し、独占のいくつかはただちに廃止し、ほかのものも十分に再審査されるまで停止すると下院に伝えた。これによって下院の雰囲気は、それまでの怒りや不満から、たちまちエリザベスへの感謝へと大きく変わった。下院議員たちは、感謝の気持ちを女王に伝えたいと願い出たのであった。

エリザベスが下院議員の代表と接見する用意があると伝えると、議員たちは、われもわれもと接見への参加を希望した。結局一四〇～一五〇名の下院議員が、一六〇一年十一月三十日、下院議長に先導されてホワイトホールにエリザベスを訪れたのであった。これらの議員たちを前に、エリザベスがおこなった演説は「黄金の演説」とも呼ばれて、この場にいた全議員を大いに感激させたばかりでなく、イギリスの歴史に長く記憶されることになった。
まずエリザベスは、下院議長や議員たちの感謝を喜んで受け入れる気持ちを示し「神が私を高い地位につけられたけれども、あなた方の愛情をえて統治してきたということこそ、私の王冠の栄光（＝グローリー）であると考えている」と語った。これに続いて、彼女の面前でひざまずいていた議員全員を起立させると、感謝すべき立場にあるのはむしろ女王の方であると述べて、彼らに次のように話したのであった。

私は定められた命以上に長く生きて統治することを望んでいるわけではないが、その統治はあなた方に良きことをはかるべきものである。あなた方はこれまでもっと力強く賢明な君主をもっていたし、またこれからも、もつかもしれないが、私以上にあなた方を愛し、心にかける君主を今までにもったことはなかったし、これからももつことはないであろう。

すでに六八歳になっていたエリザベスは、議員たちに会う機会はもうあまりないと考えて、枢密議官に命じて帰郷前の議員たちをもう一度つれもどし、女王の手に一人ひとりキスするようにと伝えさせた。この日の議員たちの感激は、一生忘れえぬものになったと思われる。

独占特許状を国家財政の方策として用いて、議会や国民に大きな不満を生じさせたことは、エリザベスとその政府の財政問題の処理の不手際を露呈したものであったが、それさえも女王と議員たち(ひいては国民全体)との連帯感の強化の場にしてしまったことは、エリザベスの優れた政治的な感性を示すものであるといえるであろう。たしかに国王大権を傷つけることなく、彼女は議会と和解することができたのであった。まもなく出された「国王宣言」によって、もっとも弊害の大きかった独占特許状は廃止され、その濫用に責任ある者の処罰さえ宣言された。エリザベスは議会に口先だけの言い逃れをしたのではなく、約束は守ったのであった。

しかしそれによってイングランドの国家財政は悪化の一途をたどることになり、エリザベスが死去した時には、財政上国庫には、四〇万ポンド以上の借金が残っていたのであった。

国家財政のその後

エリザベス時代の初期に国庫を管理して奮闘したのが、バーリー卿ウィリアム・セシルであったが、その後継者ロバート・セシルは、新国王ジェームズ一世に対して、「徴発権や後見権」という封建的権利を国王が放棄するかわりに議会が毎年二十万ポンドの補助金を提供するという「大契約(Great Contract)」を提示した。しかし国王が大権の一部放棄を嫌ったため、国庫の安定をはかるための方策は成立せず失敗に終わった。

こうしたイングランド国家財政の不安定を克服しようとしたのは、イギリス革命期の議会側の指導者として有名なJ・ピム▲であった。彼の案は主要商品の消費税によって国家財政の安定を実現させようというものであった。当初から円滑に運営されたわけではなかったが、さまざまな改革・改良をへて十八世紀半ばに安定した制度として確立し、イングランドを国家財政の窮乏から救うことになっていった。

▼**J・ピム**(一五八四〜一六四三) 革命期の議会側の指導者J・ピムは消費税を中心にした財政体系を提案して財政困難を救った。

エセックス伯とロバート・セシル

アルマダ戦争直後の一五八八年にはレスター伯が、九〇年にはウォルシンガム、続く九一年にはハットンが死去し、エリザベスの身辺は淋しいものになっていった。バーリー卿ウィリアム・セシルは九八年まで生存していたものの、晩年は身体に不自由な点もでて、宮廷への出仕はままならない状態にあった。

エリザベスの晩年には、女王よりはるかに若い世代の者たちが台頭し、政務をとるようになっていた。その筆頭がバーリー卿の次男ロバート・セシルである。父の薫陶を受けたロバートは能吏に育っていた。

その対抗馬とみなされたのが、武人・レスター伯の義理の息子エセックス伯(三五頁参照)である。彼は義父の一党を引き継ぎ、若い時から海外遠征などで武人としての経歴もつんでいた。なかなかの美丈夫で民衆の人気もえていたが、他方で周囲との争いごとが絶えず、また自分勝手な行動もめだったため、女王から譴責を受けることもしばしばだった。

ロバート・セシルに対抗するために、エセックス伯は武人としてさらに大きな成功を収める必要があったが、一五九六年、スペインのカディス港攻撃がそ

▼フランシス・ベーコン（一五六一〜一六二六）　哲学者。帰納法を確立した。

のチャンスをもたらした。遠征で勝利をおさめた彼は民衆の歓呼に迎えられてロンドンにもどり、得意の絶頂に立った。

ところが女王は、人事の面でロバート・セシルの一派を優遇し、ロバートを正式に秘書長官に任命したのであった。心中穏やかではなかったエセックス伯に対して、この当時彼の派閥にいたフランシス・ベーコン▲は「人気に頼らず、統御できない性格の人間だと思われないようにすること」と書簡でエセックス伯に忠告している。しかしエセックス伯のやり方や性格は、簡単には変わるようなものではなかった。

アイルランド反乱鎮圧に失敗

一五九八年、アイルランドでティローン伯の乱が重大化し、これを抑えるイングランド軍の指揮官を誰にするかが問題となった。

一方、その年の七月に、エセックス伯は宮廷で女王といい争って彼女から平手打ちをくい、激怒して立ち去ると、病気と称して宮廷に出仕を拒否するという騒ぎを起こしていた。そのためもあってか、エセックス伯が就任を望んでいた収入の多い後見裁判所長官の職にはロバート・セシルが任命された。こうした不利な状況から形勢を挽回し、自らの立場を守るためにもさらに大きな戦功を夢みる立場に立たされていたエセックス伯は、誰もが敬遠していたアイルランド総督を自ら引き受けたのだった。

経済的に苦しい時に、エリザベスと枢密院が、なんとか用意した一万七千あまりの兵を率いて、翌一五九九年三月、エセックス伯はアイルランドに向かって出発した。彼に課せられた使命は、アイルランド北部のアルスタ地方を支配しているティローン伯率いる反乱軍を正面からの攻撃で撃破することであった。失敗は許されぬ苦しい立場にあったにもかかわらず、エセックス伯は現地の厳しい状況とイングランド軍への補給が遅れるという不利な状況におかれると、アルスタ攻撃をためらい、小競り合いをしただけで、半年後の九九年九月にティローン伯と独断で和約を結び、エリザベスの許可をえずに帰国してしまう。その結果、エセックス伯は宮廷から排除されて、自邸内で監督下におかれ、枢密院では彼の失敗を公式に非難する演説がおこなわれた。

翌一六〇〇年六月に、エセックス伯は枢密議官による特別委員会に召喚され

イングランド議会におけるエリザベス

アイルランド反乱地図

て、服従、恭順の意を表する機会を与えられ、女王が彼の処罰を免除する道が開かれた。エリザベスはこの状況でもなお、廷臣として職務に復帰できる道をエセックス伯に残しておきたかったようである。厳罰はまぬがれたものの、遠征失敗の責任を問われたエセックス伯は寵臣の地位をすべり落ちて、事実上、失脚したのであった。

エセックス伯の反乱と刑死

エセックスはアイルランドで進退極まった時、指揮下の軍のなかから自分に忠誠を誓う者を選抜してロンドンにもどり、彼のライバルであるセシル一派を「君側の奸《かん》」として排除する宮廷内クーデタを計画していたともいわれている。女王の近辺にも数名のエセックス派やその手下がまぎれこんでいたとも考えられている。

一六〇〇年秋には、エセックス伯にそれまで大きな収入をもたらしていた甘ぶどう酒の輸入関税請負いの特許状の期限が切れて、その特権は更新されることなく彼から奪われてしまった。貴重な収入源を奪われたエセックス伯は、ふたたび宮廷内クーデタを起こすことを考えはじめていた。エセックス伯は自分が決起すれば、これに加わる貴族も多く、ロンドン市民も支持するだろうと甘い期待をいだいていたのであった。

翌一六〇一年二月、エセックス伯は彼を支持する仲間と謀議して宮廷とロンドンのシティ、ロンドン塔を制圧して「セシル派の政府高官を追放せよ」とエリザベスに強要する計画を立てていた。しかし実のところ、この蜂起計画は謀議中から政府当局にもれており、枢密院はエセックス伯に出頭を命じた。しかし彼は出頭命令を拒否して、「私の命をねらう陰謀が企てられている。女王のもとにいくのだ！」と叫び、わずかの同志を率いて武装して自邸からでると、ロンドン市内の宮廷へと向かったのであった。

秘書長官ロバート・セシルを長とする政府当局の動きは素早かった。「エセックス伯決起」の知らせを受けると、たちまち彼を反逆者と断定し、武装した軍隊を出動させた。州長官もロンドンの民衆からも支持されないのを知ったエセックス伯らは、自邸に引き返そうとしたがかなわずに降伏した。こうしてエセックス伯の反乱は、あっけなく未遂に終わったのであった。

一週間後に始まった裁判では、かつてはエセックス派閥の懐刀であったフランシス・ベーコンが彼を断罪する検事を務めたのであった。有罪と宣告されたエセックス伯は一六〇一年二月末、ロンドン塔の中庭で断頭台にのぼった。三四歳の若さであった。

裁判中にはなお芝居がかった尊大な態度をとっていたエセックス伯も、処刑に臨んでは敬虔な態度であったと伝えられている。こうしてエリザベスが期待をかけていた、貴族たるにふさわしい教養と若駒のような奔放さをもっていた寵臣エセックス伯は、統御しがたい性格のゆえに、わが身を滅ぼしたのであった。

エセックス伯を女王の恋人であったかのように描いている小説もあるが、生涯自分の子をもたなかったエリザベスにとって、彼はわがままな息子がわりの存在ではなかったかと筆者は思うのである。

エリザベスの晩年

エセックス伯処刑後のエリザベスの宮廷は、秘書長官ロバート・セシルによって動かされ、平穏ではあったが、かつてのような荒々しいほどの活力は失わ

▼**マウントジョイ卿**（チャールズ・ブラント）　その後アイルランド総督となった。

れてしまっていた。ロバート・セシルも人気の点ではライヴァルのエセックス伯におよばなかったようである。もはやエリザベスの宮廷は、対抗するいくつかの派閥の間で均衡をとり、その対抗関係に女王が気づかって操縦していく必要もなく、平穏・無事になっていた。晩年のエリザベスは、側近のエセックス伯を甘やかしてしまい、引いては彼を没落させてしまったことを悔いる気持ちを周囲にもらしていたと伝えられている。

一六〇二年十一月には、エリザベスの治世四四年を祝う行事があり、翌年十二月には、ホワイトホールで恒例のクリスマスを祝ったが、その頃までは女王もかなり元気であった。この年も国家財政の苦境は、あい変わらずであったが、一六〇三年一月にはアイルランドの情勢が好転して、反乱を支援していたスペイン軍をイングランド派遣軍のマウントジョイ卿▲が打ち破って降伏させた。まだティローン伯は屈服していなかったものの、アイルランド反乱も終わりに近づきつつあった。また一六〇三年（これはエリザベスの死後ではあったが）、リスボンの近くで、ポルトガルの大型武装商船を敵艦隊の目前で拿捕するという一五八〇年代当時の栄光を思い起こさせる戦果もあげることができた。国際情勢もやや好転して、イングランドに脅威を与えるものではなくなってきたのであった。

一六〇三年一月、冬の悪天候の中を（お雇いの占星術師の助言をいれたものともいわれている）リッチモンド宮に移動した頃から、エリザベスの健康状態は急速に悪化した。三月にはいるとエリザベスは薬や食事も受けつけなくなり、医師の指示にはまったく従わず、ベッドに寝ることさえ拒否して、クッションの上に身を横たえていたといわれている。

王位継承への動き

定まった王位継承者がいなかったエリザベスの死去の際の「王位継承」はもちろん大問題であった。しかしロバート・セシルら側近はすでにスコットランド国王ジェームズ六世▲がイングランドの新国王となることを宣言する布告を用意して、その原案をスコットランド国王のもとへ送っていたようである。エリザベスは、一六〇三年三月二十四日に、六九歳で死去したが、その前に彼女がジェームズを王位継承者に指名していたかどうかは、明確ではない。

▼ジェームズ六世（一五六六〜一六二五）　イングランド王ジェームズ一世（在位一六〇三〜二五）。

エリザベス終焉の地リッチモンド宮
現在は取り壊されてしまい、その姿はない。

ジェームズは母メアリ・ステュアートが、イングランドで処刑されたにもかかわらず、イングランド王位を兼ねることを大いに期待していたようである。この王位継承を無事成功させたのは、やはりロバート・セシルの努力によるものであった。彼はエリザベス治世末の極めて困難な問題を自分で背負ったまま、イングランド新国王ジェームズ一世の時代にも政界の実力者として仕えることになったのである。

このようにして、エリザベスの死去によってテューダー王朝はヘンリ七世以来、三世代五人の国王たちで終わりを告げ、スコットランドのステュアート王家がイングランドの王位を兼ねることになった。この時はまだ同君連合の形であったが、やがてこれが王国合同に発展して、私たちが知っている大ブリテン王国(グレイト・ブリテン)を形成していくのである。

女王の二つの面

エリザベス女王の主要な側近の動向をまとめてみよう。第一にあげられるのがバーリー卿ウィリアム・セシルであろう。彼は女王即位当時からの側近であ

エリザベスの墓(ウェストミンスター聖堂内)

り、女王の政務を助けたほかに、女王個人の私生活をも支援して、その職務遂行を助けた。さらに財務運営を担当し、かなり苦しかった国庫の運営におおいに力をつくした。晩年のバーリー卿は、痛風などによって常時宮廷に出仕することができなくなったものの、ここぞという時には出仕して女王を助けたのであった。このバーリー卿に対抗したのが、すでに紹介したレスター伯ロバート・ダッドリである。女王の寵臣となり、ネーデルラント遠征やアルマダ陸兵のイングランド南部(テムズ川河口付近)上陸に備えて防衛の陸軍を指揮した。セシル派に対抗するレスター派をまとめていたが、アルマダ来襲直後に急逝した。

そのほか活躍した側近に、メアリ・ステュアート周辺のエリザベス殺害の陰謀を打ちやぶったフランシス・ウォルシンガム、そして大変なお世辞上手で知られていたものの議会で女王の意図をいち早く伝えることに貢献したサー・クリストファー・ハットンがいた。アルマダ戦争後、数年で二人ともこの世を去った。

レスター伯の武人としての後継者となったのが、彼の養子となったエセックス伯であった。しかしながら、先述のとおり女王に対してわがままな行動をとり、アイルランド遠征の失敗ののちに小さな武装蜂起を企てて、側近中ただ一人処刑されてしまった。彼のライヴァルであったロバート・セシルは堅実な政治家としてエリザベスの信任もあつく、父バーリー卿の跡を継いで主席国務卿となる。女王の死後、スコットランド国王ジェームズ六世をイングランド国王ジェームズ一世として王位継承を実現させ、ソールズベリ伯に叙せられた。

側近にはこのほかにサー・ウォルター・ローリーなどを加えてもよいが、彼は「新大陸」への関心があまりにも強く、宮廷をリードする側近にはなりえなかった。

こうした側近を使いこなしていたエリザベスは、父ヘンリ八世と母アン・ブーリンの性質を引き継いだものか、極めて強い個性をもつ人物だった。上機嫌で話していたのが、急に不機嫌になることもしばしばあったが、家臣の特性を見抜いてたくみに使いこなす点では、父ヘンリ八世よりも温情があり、エセックス伯を除けば処刑された側近が少ないことが指摘できる。エリザベスはたしかに厳しい点も、怒りやすい点もあったが、反面、女王の地方巡幸のおりの優しい心のこもったスピーチは人々の心を深くつかんでいた。

幼時から厳しい環境下で育ちながら、十分に人文主義的な教養も授けられ、そうした経験から時に応じた硬軟両様の態度の使い分けを身につけたといってよいであろう。エリザベスはお世辞や追従も大好きであったが、それは絶対王制期の各国の君主の通弊ともいえる。

前にあげた「ティルベリー演説」「黄金の演説」では、国民を思う女王としての真情がよくあらわれており、女王の優しい思いやりのある気持ちが示されていると考えてよいであろう。

スペインの圧力など、イングランドにとって存亡の危機ともいえる厳しい難局を切り抜けていったエリザベスの人間的な力量は、おおいに評価されてよいと思うのである。それをうまく補佐していったのが、有能な側近であったといってよいであろう。

エリザベス女王とその時代

西暦	齢	おもな事項
1533	0	*9* ヘンリ８世と第２王妃アン・ブーリンの子としてエリザベス出生
1536	3	*5* 母アン・ブーリン，姦通を疑われ処刑。ヘンリ８世，ジェーン・シーモアと結婚
1537	4	*10* 弟エドワード（後のエドワード６世）誕生。ジェーン・シーモア死去
1547	14	*1* ヘンリ８世病没。弟エドワード６世即位
1553	20	*7* エドワード６世死去，姉メアリがメアリ１世として即位
1554	21	エリザベス，ワイアットの反乱に加担したとの疑いでロンドン塔に収監。メアリ１世，スペイン皇太子フェリペと結婚
1555	22	*4* ウッドストックから解放される。メアリの新教徒迫害始まる
1556	23	多くのプロテスタント大陸に亡命
1558	25	*11* メアリ１世死去。エリザベスが王位継承（ウィリアム・セシルを登用）
1559	26	*1* ウェストミンスター聖堂でエリザベスの戴冠式　*5* 首長令再発布　*6* 礼拝統一令再発布
1562	29	*10* ユグノー支援のためフランスに派兵
1563	30	国教会の信仰個条「39ヵ条」制定，徒弟法制定
1564	31	*4* トロワ条約成立。イギリス軍フランスから撤退
1568	35	*5* スコットランドからイングランドに逃亡してきたメアリ・ステュアートを軟禁して保護
1569	36	*11* イングランド北部のカトリック貴族，反乱をおこす（12月鎮定）
1570	37	*2* ローマ教皇ピウス５世，エリザベスを破門
1571	38	*2* ウィリアム・セシル，バーリー卿となる。*9* リドルフィの陰謀摘発
1572	39	*6* リドルフィの陰謀に連座したノーフォーク公処刑
1575	42	*7* レスター伯（ロバート・ダッドリ）のケニルワース城を訪問
1579	46	*8* フランス王子アランソン公，来英してエリザベスに求婚
1581	48	*4* フランシス・ドレイクをナイトに叙任。イエズス会士キャンピオン処刑
1583	50	*11* スロックモートンの陰謀摘発
1584	51	*11* 貴族，議会など団結し，対エリザベス陰謀反対の態度示す。カトリック取締まり強化
1585	52	スペインと開戦。ネーデルラント支援の軍をレスター伯が率いる
1586	53	バビントンの陰謀摘発。
1587	54	*2* スコットランド女王メアリ処刑。*4* ドレイクらスペインのカディス港襲撃
1588	55	*7~8* スペインのアルマダ来襲。イギリス艦隊がスペインのアルマダ撃破
1589	56	アイルランドでティローン伯の反乱おこる
1596	63	*6* 司令官エセックス伯の遠征軍，スペインのカディス港襲撃
1598	65	*8* ウィリアム・セシル死去。アイルランドのティローン伯の反乱重大化。エセックス伯をアイルランド総督に任命
1600	67	エセックス伯アイルランド反乱鎮定に失敗。帰国後投獄される
1601	68	*2* エセックス伯の反乱（処刑される）。*11* 議会に独占廃止を約束（「黄金演説」）。救貧法制定
1603	70	エリザベス，リッチモンド宮で死去。スコットランド国王ジェームズ６世，ジェームズ１世としてイングランド王位を継承

参考文献

青木道彦『エリザベスI世――大英帝国の幕あけ』講談社現代新書，2000年
今関恒夫　『ピューリタニズムと近代市民社会――リチャード・バクスター研究』みすず書房，1989年
植村雅彦『テューダー・ヒューマニズム研究序説』創文社，1967年
植村雅彦『エリザベス1世――文芸復興期の女王』教育社，1981年
大野真弓『イギリス絶対主義の権力構造』東京大学出版会，1977年
越智武臣『近代英国の起源』ミネルヴァ書房，1966年
越智武臣『近代英国の発見――戦後史学の彼方』ミネルヴァ書房，1990年
P. クラーク，P. スラック（酒田利夫訳）『変貌するイングランド都市　1500～1700』三嶺書房，1989年
小山貞夫『絶対王政期イングランド法制史抄説』創文社，1992年
坂巻清『イギリス・ギルド崩壊史の研究――都市史の底流』有斐閣，1987年
R. H. トーニー（出口勇蔵・越智武臣訳）『宗教と資本主義の興隆』岩波書店，1956～59年
R. H. トーニー（浜林正夫訳）『ジェントリの勃興』未来社，1957年
中野忠『イギリス近世都市の展開』創文社，1995年
J. E. ニール（大野真弓・大野美樹訳）『エリザベス1世』Ⅰ・Ⅱ，みすず書房，1975年
半田元夫『イギリス宗教改革の歴史』小峯書店，1967年
クリストファー・ヒバート（山本史郎訳）『女王エリザベス』上・下，原書房，1998年
別枝達夫『エリザベス一世』（世界を創った人々4）平凡社，1979年
八代崇『イギリス宗教改革史研究』創文社，1979年
八代崇『イングランド宗教改革史研究』聖公会出版，1993年

図版出典一覧

Alan Bold, *Scotland's Kings & Queens*, London, 1980 *84*

Patrick Collinson, *Archbishop Grindal 1519-1583: The Struggle for a Reformed Church*, London, 1979 *43, 45, 49*

A.G.Dickens, *Reformation and Society in Sixteenth-century Europe*, London, 1966 *17*右

John Lynch, *Spain under the Habsburgs: Volume I Empire and Absolutism 1516-1598*, Oxford, 1964 *23, 26, 41*

Wallace MacCaffrey, *Elizabeth I*, London, 1993 *2, 3, 10*左, *15*右, *16*左, *17*左, *24*右, *35, 37*右, *37*左, *63*上, *79*

Patrick McGrath, *Papists and Puritans under Elizabeth I*, London, 1967 *13*右

John A. Wagner, *Historical dictionary of the Elinzabethan World: Britain, Ireland, Europe, and America*, New York, 2002 *16*左, *24*左, *29*下, *77*

Susan Watkins, *Elithabeth I and her world*, London, 1998 *5*右, 左, *9, 10*右, *16*右, *33, 34, 45, 85*

青木道彦『エリザベスⅠ世——大英帝国の幕あけ』講談社現代新書, 2000年 *7, 15*左, *19*

PPS通信社提供 カバー裏, 扉, *29*上, *59*左, *59*右, *62, 63*下, *88*

ユニフォトプレス提供 カバー表

青木道彦(あおき　みちひこ)
1935年生まれ
東京大学文学部西洋史学科卒，立教大学大学院文学研究科修了
専攻，17世紀イギリス史
都立高校教師，河合塾講師，川村学園女子大学教授など歴任

主要著書
『エリザベスⅠ世――大英帝国の幕あけ』(講談社現代新書　2000)
『クロムウェルとイギリス革命』(共著，聖学院大学出版会　1999)
『千年王国論』(共著，研究社出版　2000)

世界史リブレット人 51
エリザベス女王《じょおう》
女王《じょおう》を支えた側近《そっきん》たち

2014年10月30日　1版1刷発行
2019年9月15日　1版2刷発行

著者：青木道彦《あおきみちひこ》

発行者：野澤伸平

装幀者：菊地信義

発行所：株式会社 山川出版社

〒101-0047　東京都千代田区内神田1-13-13
電話　03-3293-8131(営業)　8134(編集)
https://www.yamakawa.co.jp/
振替　00120-9-43993

印刷所：株式会社 プロスト

製本所：株式会社 ブロケード

 ISBN978-4-634-35051-9